PRZYGTOWANI NA WSZYSTKO

Jak klips do prania uratować może kolację i 222 inne porady
niezbędne w survivalu

Lifehacki w survivalu

Jak KLIPS DO PRANIA uratować może kolację

O małych przedmiotach i ważnych sprawach

Niezapomniane chwile. Czekają Was, gdy pakujecie plecak lub sakwy na rowerze, aby szukać przygód gdzieś wśród przyrody. Zachód słońca widziany sprzed namiotu, pierwszy zdobyty szczyt, noc pod gwiazdami – wszystko to są wspomnienia, które zostaną z Wami na zawsze.

Nie zapomnicie jednak też, jak na kilka godzin przed dotarciem do następnego schroniska oderwała się podeszwa od buta trekkingowego albo jak w szczerym polu zeszło całe powietrze z opony, a nie mieliście zestawu naprawczego. To także niezapomniane momenty! Są to także sytuacje, w których przyda się ten przygotowany dla Was zbiór porad i trików, sztuczek i lifehacków.

Jak prawidłowo spakować plecak? Co chmury mówią o pogodzie? Czy naprawdę można rozpalić ognisko przy użyciu ziemniaczanych chipsów? Jak otworzyć puszkę z konserwą za pomocą łyżki? Na kolejnych stronach znajdziecie sprytne rozwiązania na wypadek tych i wielu innych dużych problemów oraz drobnych przeszkód.

Od planowania przez pakowanie aż po chwile w drodze i nocowanie – z tymi poradami będziecie przygotowani na wszystkie życiowe sytuacje (awaryjne), które mogą się wydarzyć podczas podróży w terenie. Dzięki temu przeżyjecie wiele wspaniałych chwil!

Jens Bey

i
redakcja wydawnictwa DuMont

BOGACTWO CZŁOWIEKA

proporcjonalne

jest

do liczby

RECZY

z których potrafi

on zrezygnować.

HENRY DAVID THOREAU

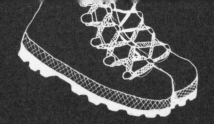

SPIS TREŚCI

🍎 Syci i zadowoleni!

✹ 10 POWODÓW, dla których...

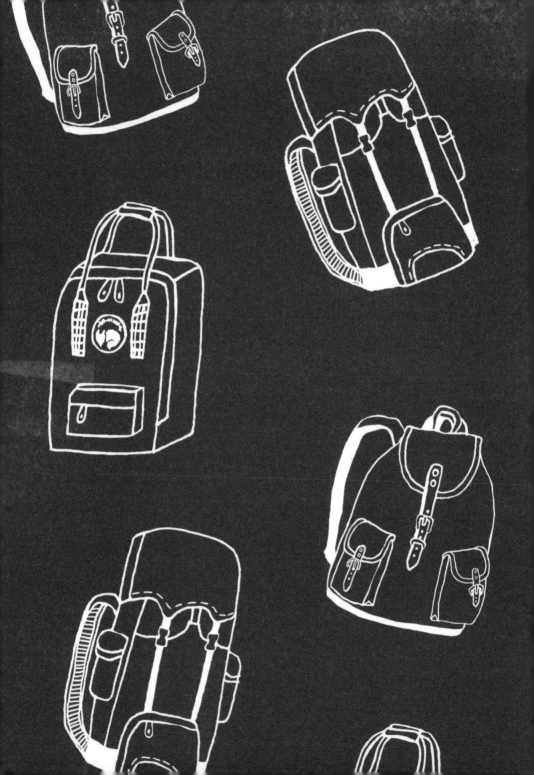

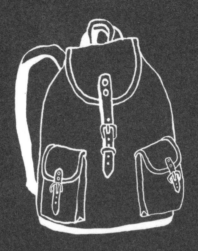

Przedsmak PRZYGODY

Wciąż jest jeszcze daleko – Wasza wielka wyprawa na łono przyrody. Teraz nadszedł czas, by planować, przygotowywać się, sprawdzić sprzęt i każdego dnia cieszyć się coraz bardziej nadchodzącą przygodą. Aby niczego Wam nie zabrakło w lesie lub w górach, na następnych stronach znajdziecie całą masę wskazówek i porad, jak się przygotować.

POMYSŁY *bez* KOŃCA

Ruszyć po prostu przed siebie?

Czemu nie! Przygoda czeka tuż za Waszymi drzwiami. Jeśli potrzebujecie więcej inspiracji, to wpiszcie po prostu w wyszukiwarkę internetową „outdoor" i „blog". Znajdziecie w ten sposób więcej pomysłów, niż będziecie w stanie zrealizować w ciągu jednego wyjazdu. Możecie także zajrzeć na stronę Polskiego Towarzystwa Turystyczno-Krajoznawczego (PTTK) i sprawdzić dostępne tam mapy szlaków.

② Tyle miejsc

Wiecie, że chcecie znaleźć się blisko natury i wędrować, wspinać się, jeździć na rowerze. Tylko gdzie?
Jako początkujący powinniście zdecydować się na miejsce z dobrą infrastrukturą. Następnie trzeba się zastanowić, czy wędrować chcecie daleko czy wysoko, a więc czy ma to być wędrówka na jakiejś długiej trasie czy po górach. Podejmijcie decyzję, biorąc pod uwagę Waszą kondycję.

③ Niech dźwigają inni

Co powiecie na „wędrówkę bez bagażu"? Pod tym hasłem znaleźć można różnorodną ofertę wielu touroperatorów: wędrujecie tylko z podręcznym bagażem, a reszta ciężkich rzeczy dostarczona zostanie do miejsca Waszego następnego noclegu przez kogoś innego.

Wskazówka: Istnieje podobna oferta dla rowerzystów, łączona zazwyczaj z odbiorem z dworca.

④ Na miejsce samolotem i dalej rowerem

Marzycie o wycieczce rowerowej wśród pól lawendy na południu Francji? Gdyby tylko zabranie ze sobą roweru nie było takie drogie... Dużo prościej i taniej jest wynająć rower na miejscu.

W wypożyczeniu roweru pomóc Wam mogą różne aplikacje, które lepiej jest pobrać jeszcze przed wyjazdem. Najlepiej wybrać rower trekkingowy, ponieważ jest najwygodniejszy na dłuższych trasach.

Jeśli lubicie podróżować w bardziej relaksujący sposób, wypożyczcie rowery elektryczne.
Ważne, żeby wybrać firmę, która dysponuje stacjami do ładowania rowerów, aby łatwiej pozostać mobilnym.

5 Sztuka robienia obliczeń

Wybraliście już cel Waszej wyprawy. Czy wiecie już jaki odcinek uda Wam się przebyć w ciągu jednego dnia? Informacje o tym znajdziecie na mapie. Już w domu możecie obliczyć, jaką odległość pokonacie każdego dnia. Średnie wartości dla godziny wędrówki przeciętnego piechura to różnica wysokości 300 metrów pokonywana pod górę, 500 metrów przy schodzeniu w dół i 4 kilometry odległości poziomej.

Oblicza się to tak:
Różnica wysokości 900 metrów pod górę = 3 godziny (900/300)
Różnica wysokości 500 metrów w dół = 1 godzina (500/500)
4 kilometry odległości = 1 godzina (4/4)
Czas na podejścia i zejścia: 3 godziny + 1 godzina = 4 godziny
Czas na pokonanie odległości poziomej: 0,3 godziny (najniższą wartość dzieli się na pół)

Wynik: Na pokonanie trasy potrzebujecie 4,5 godziny.

Uwaga: W wyniku nie są zawarte przerwy! Dodajcie do niego krótkie przerwy co pół godziny i jedną 30 minutową co dwie.

Przy okazji: Jeśli przeliczanie różnych wartości nie jest Waszą najmocniejszą stroną, swoją trasę możecie zaplanować na komputerze, np. z pomocą www. komoot.com.

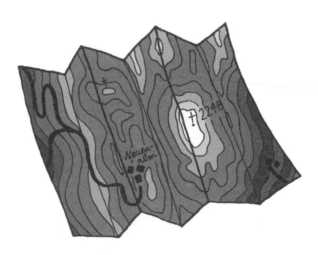

6 Twój przyjaciel but

W górskich butach do piekarni za rogiem? Czemu nie!

Nowe buty trzeba rozchodzić, więc przez jakiś czas dobrze jest je wkładać na wszystkie możliwe okazje. Grube, skórzane buty powinno się ponosić przez osiem godzin, nim wyruszy się w nich na szlak.

Wskazówka: Buty najlepiej kupować wieczorem, ponieważ stopy puchną w ciągu dnia. Upewnijcie się, że jest wystarczająco dużo miejsca na palce.

 7 Weźcie backup

Miejcie w gotowości dwie karty kredytowe, najlepiej Visa i Mastercard – dzięki temu będziecie dobrze przygotowani, niezależnie od tego, gdzie się znajdziecie. Niektóre banki oferują darmowe karty, którymi wypłacać możecie pieniądze za granicą, także za darmo.

Wskazówka: W każdej sztuce bagażu miejcie bezpiecznie schowany zapisany numer awaryjny i numer potrzebny do zastrzeżenia kart oraz kopie wszystkich ważnych dokumentów. Pomoże Wam to sobie szybko poradzić z każdą przykrą sytuacją.

8 Podróżujcie powoli i doświadczcie więcej

Przewodniki i internet to dobre źródła inspiracji, pomocne w szybkim zorientowaniu się co i jak. Pamiętajcie jednak, aby nie (prze)planować każdej minuty, siedząc za biurkiem. Zostawcie trochę niezagospodarowanego czasu, aby rozkoszować się chwilą oraz skorzystać ze wskazówek miejscowych i porad spotkanych na szlaku podróżnych.

9

Obładowani wodą!

Niekoniecznie!

Podczas wędrówki musicie mieć ze sobą tylko tyle wody, aby dotrzeć do następnego źródła lub do następnej studni. Odpowiednio wcześnie upewnijcie się, czy możecie pić bezpiecznie wodę występującą w regionie Waszej wędrówki.

Wskazówka: Kobiety powinny dziennie pić przynajmniej dwa litry wody, a mężczyźni przynajmniej trzy.

10 Szczytowe osiągnięcie

Udało się! Zdobyliście szczyt i otaczająca Was górska panorama jest po prostu wspaniała. Jak jednak nazywają się te wszystkie szczyty, które wznoszą się na horyzoncie? Dzięki aplikacji PeakFinder Wasz smartfon zdradzi Wam nazwy tych gór. Wystarczy skierować aparat w odpowiednią stronę i już możecie zaznajomić się ze wszystkimi otaczającymi Was szczytami.

To samo dotyczy nocnego nieba – aplikacje takie jak SkyMap czy SkyView są niczym kieszonkowy astronom, który podzieli się z Wami całą swoją wiedzą.

11 Cyfrowa zamiast analogowej

Czytanie mapy może być irytujące, przede wszystkim podczas jazdy na rowerze:
Aplikacje takie jak Komoot (patrz s. 12), Maps 3D, GPSies czy Runtastic zmienią Wasz smartfon w nawigację, niezależnie od tego, czy podróżujecie pieszo czy na dwóch kółkach. Używać można też Google Maps, jednak znajdują one często tylko główne drogi, a nie piękne, pozbawione ruchu boczne trasy.

Dla bezpieczeństwa warto mieć w bagażu dodatkową baterię, ponieważ funkcja GPS w telefonach jest bardzo energożerna

12 Mała czarna

Życie bez dobrego espresso wczesnym rankiem, przed wyruszeniem na szlak lub o zachodzie słońca przed namiotem jest możliwe, ale nie ma sensu.

Dzięki „przenośnej maszynce do espresso", jak reklamowany jest ten sprzęt, zrobicie sobie aromatyczną małą czarną. Nawet klasyczna włoska kawiarka może być używana na kempingowej kuchence. Jednak koneserzy twierdzą, że zrobione w ten sposób espresso jest zbyt gorzkie

13 Cała kolekcja w kieszeni spodni

Wystarczy wygooglować: cała masa aplikacji ułatwia wypoczynek na łonie przyrody, a w niektórych sytuacjach potrafi uratować życie. Oferta na Androida i iOS obejmuje wszystko, od rozpoznawania roślin, ptaków i drzew, przez kompletne przewodniki w obrębie jednej aplikacji, po porady dotyczące naprawy roweru, ostrzeżenia pogodowe, wskazówki outdoorowe i survivalowe oraz instrukcje dotyczące pierwszej pomocy.

14 Małe wielkie rzeczy

Oczywiście, miejsce w plecaku czy rowerowych sakwach nie jest nieskończone. Jednak kilka gadżetów powinniście koniecznie zabrać. Do paska przyczepić można multitool, cały zestaw narzędzi w jednym: od śrubokrętu przez piłę po nóż. Można nabyć jego tańsze odpowiedniki, jednak zostawcie je raczej w domu, bo w tym wypadku jakość jest mocno powiązana z ceną!

Przydatną rzeczą jest także parasol trekkingowy:
podczas lekkiej mżawki nie musicie już grzać się w grubej, przeciwdeszczowej kurtce. Wystarczy przymocować go do plecaka i ręce macie wolne – a waży zaledwie 200–300 g. Dodatkowo przy mocnym słońcu parasol ochroni Was przed promieniowaniem UV.

W awaryjnych sytuacjach przyda się zapakowany do plecaka gwizdek.

⑮ Ból pleców

Jeśli go nie czujecie, to znaczy, że znaleźliście idealny plecak. Przed zakupem zmierzcie odległość pomiędzy siódmym kręgiem (to ten, który wystaje, gdy dotkniecie brodą do mostka) a górną krawędzią kości miednicznej (punkt, na który wskazuje kciuk, gdy oprzecie dłonie na biodrach). Teraz znać będziecie długość swoich pleców.
Jeszcze lepsze: są plecaki z regulowaną długością pleców. Jednak tę możli-wość mają tylko większe modele trekkingowe.

⑯ Kwestia płci

W przypadku wielu modeli plecaków dostępna jest również wersja damska, która nie tylko jest mniejsza i lżejsza, ale ma także węższe paski.

⑰ Biodrak, nie plecak

Plecak tak naprawdę nosi się nie na ramionach, tylko na biodrach. Zwróćcie uwagę na to, żeby mieć dobrze naciągnięty pas biodrowy. Poluzujcie paski na ramionach i zobaczcie, czy ciężar dobrze leży na biodrach.

⑱ Dobrze dopasowane!

Żadnych obtarć na szyi i ramionach, nic się nigdzie nie wżyna:
Jeżeli paski plecaka znajdują się dokładnie na środku łopatek i dobrze przylegają do ramion, wówczas z plecakiem możecie nawet wygodnie biegać – choćby dookoła świata, o ile starczy Wam sił.

WĘDRÓWKA

TO

nie tylko

praca **NÓG**

ale

i stan

DUSZY.

JOSEF HOFMILLER

19
Ciężka w skutkach decyzja

Najmniejsze wzgórze zmienić się może w Mount Everest.
Jeśli dźwigacie plecak ważący 20 kg lub więcej, sami sobie szkodzicie. Zasada jest taka: plecak nie powinien ważyć więcej niż 20 procent wagi ciała. Na jednodniową wycieczkę w zupełności wystarczy 6 kilogramów wyposażenia.

20 Który plecak z Wami pojedzie?

Tydzień pielgrzymki na Drodze św. Jakuba, cztery tygodnie w szwedzkiej dziczy, kilka dni wolnego w Amsterdamie – i na każdą okazję inny plecak. Modele turystyczne są mniejsze i lżejsze niż plecaki trekkingowe, które oferują większy komfort noszenia i większą pojemność. Połączenie plecaka i torby podróżnej, zarówno z paskami, jak i rączką oraz kółkami, jest wygodne przy przemierzaniu ulic miast i gdy trzeba przejść dłuższe odcinki pieszo.

21 Do pełna, proszę!

Nieważne, jak duży jest Wasz plecak, zapełnicie każdy jego zakamarek. To odwieczne prawo natury!
Zacznijcie więc od wyboru mniejszego modelu:
15 litrów na jednodniową wycieczkę, 35 litrów na kilkudniową wyprawę od schroniska do schroniska i nie więcej niż 50 litrów, gdy wybieracie się pod namiot i zabieracie turystyczną kuchenkę.

Wskazówka: W profesjonalnych sklepach przymierzyć można w pełni zapakowany plecak. W ten sposób przed kupieniem go możecie się przekonać, czy zaprzyjaźnicie się z przyszłym towarzyszem Waszych podróży. Ponoście go na plecach przynajmniej 15 minut.

22 Na czterech nogach

Czy zauważyliście, że prawie nikt nie wędruje już bez kijków trekkingowych? W górach są one bardzo przydatne przy podejściach, ale jeszcze bardziej przy zejściach. Zwiększają bowiem równowagę oraz zapobiegają kontuzjom kolan i przeciążeniom pleców, gdy chodzi się z ciężkim plecakiem. Uważajcie jednak, bo gdy zbyt mocno będziecie na nich polegać, mogą sprawić również, że zmniejszy się nieco stabilność stawianych kroków. Szczególnie oszukać się można w wyjątkowo stromym terenie. Sami musicie wyczuć, kiedy i jak najlepiej ich używać. Czasem wystarczy też tylko jeden kijek.

23 Chemia? Nie, dziękuję!

Nowoczesna odzież termoaktywna to produkty high-tech i niestety mają one dużą wadę:
związki per- i polifluorowane (PFC).
Substancje te, używane do pokrywania odzieży, podejrzewane są o powodowanie raka. Podczas zakupu zwróćcie uwagę, czy do produkcji odzieży stosowano PFC. W ofercie są także outdoorowe ubrania biodegradowalne, wykonane z przetworzonych surowców.

24 Owca owcy nierówna

Koszulki funkcyjne z wełny merino są prawdziwie wszechstronne.
Grzeją, gdy rano jest jeszcze chłodno, chłodzą podczas podejść i szybko schną, gdy zrobicie sobie przerwę. Do tego nawet po kilku dniach noszenia zapach potu jest ledwo wyczuwalny.

Jednak ...
Czy to merino, czy sztuczne włókna, nie każda odzież jest odpowiednia dla każdego. Najlepiej przed zakupem odzieży turystycznej sprawdzić testy w internecie, np. na stronie www.testyoutdoorowe.pl.

25 Więcej znaczy lepiej

Myślicie sobie pewnie:
Trzeba wziąć ten gruby sweter, bo może być zimno.
Zostawcie go w domu i weźcie lepiej dwie lub trzy cieńsze rzeczy, które możecie założyć jedna na drugą. W ten sposób będziecie elastyczni i łatwiej dopasujecie się do pogody.

Bezpośrednio na ciało powinniście włożyć bieliznę termoaktywną, która w zależności od potrzeby chłodzi, grzeje i uwalnia wilgoć na zewnątrz. Może być wykonana z włókien syntetycznych lub z wełny merino. W każdym razie musi być dobrze dopasowana i nie może drapać.

26 Warstwa zewnętrzna

Wiatr, lekki deszcz lub atak komarów:
Kurtka softshellowa i spodnie trekkingowe – także z softshellu lub z polia-midu – w normalnych warunkach tworzą górną warstwę stroju. Są oddycha-jące i elastyczne, przez co nie stanowią zbyt dobrej ochrony przed silnym wiatrem i deszczem.

Gdy leje jak z cebra, najlepszym wyborem jest wodo- i wiatroodporna kurtka hardshell, która dodatkowo przyjemnie zamortyzuje ciężki plecak.

27 Ciepło na sercu

Im wyżej lub bardziej na północ się udacie, tym bardziej
musicie zadbać o ciepło. Zapewnicie to sobie cieńszym lub grubszym
polarem albo kurtką. Uważajcie przy tym, aby się nie przegrzać.
Jeśli mocno świeci słońce, możecie zdjąć jedną warstwę.

28 Przenośne ogrzewanie

Śnieg w sierpniu?! W górach to nic nadzwyczajnego.
Kurtka puchowa waży niewiele, a w plecaku, po złożeniu,
zajmuje mało miejsca. Pomoże Wam zachować przyjemne ciepło
Wada: Jeśli puch zamoknie, schnie bardzo wolno.
Jeżeli spodziewacie się niskich temperatur i deszczu
podczas wycieczki, spakujcie izolowaną kurtkę
z syntetycznych włókien.

*Uwaga: Jeśli Wasze ubrania składają się przede wszystkim
z syntetycznych włókien, bądźcie bardzo ostrożni przy ognisku i turystycznych
kuchenkach gazowych.
Syntetyczne materiały są bardzo łatwopalne.*

29 Doskonały towarzysz

Czy to miarka? Kubek? Miska? Tak!
A także wiele, wiele więcej: możecie w tym naczyniu zrobić herbatę,
zjeść z niego müsli, użyć go jako czerpaka na spływie kajakowym.
Taki kubek turystyczny, z miarką w środku i uchwytem z dziurką, ma naprawdę
tysiąc zastosowań. Można przymocować go na zewnątrz plecaka. Połączenie
kubka i miski, dostępne we wszystkich kolorach tęczy, wykonane jest
z elastycznego plastiku, który się nie połamie i nie parzy. Ten już kultowy
gadżet jest nieodzowny na każdej wyprawie

30 Wędruj z głową

Czapka chroni przed oparzeniami słonecznymi i udarem. Zwróćcie uwagę, żeby współczynnik ochrony przed promieniowaniem wynosił co najmniej 30. Kaptur kurtki powinien się zakładać tak, aby chronił przed deszczem, ale nie ograniczał widoczności.

31 Jeansy nie są fajne

Jeśli Wasze ukochane spodnie to jeansy, musicie zebrać się na odwagę i zostawić je w domu, bo tak jak pozostałe bawełniane ubrania nie mają czego szukać na szlaku. Szybko chłoną wilgoć, długo schną, a póki są mokre, mocno chłodzą, zwiększając uczucie zimna.

32 Impregnujcie

Dla softshellowej kurtki mżawka nie stanowi problemu. Zanim wyruszycie, powinniście regularnie zabezpieczać ją przed działaniem pogody za pomocą impregnatu w sprayu. Jeśli się zabrudzi, należy uprać ją detergentem w płynie (!), dobrze wypłukać i rozwiesić do wyschnięcia

33 Sprytne podwójne zastosowanie

Nie macie pod ręką termosu?
Dacie radę z aluminiową menażką i małą izolowaną matą lub poduszką!
Owińcie ją wokół menażki i zawiążcie gumką. Ewentualnie możecie wsadzić
menażkę w grubą skarpetę trekkingową.

*Aluminiową menażkę wyczyścić można za pomocą tabletek do czyszczenia
protez zębowych (do kupienia w aptece). Ważne, by po umyciu dokładnie
spłukać ją gorącą wodą.*
*Gdy jesteście w drodze, możecie wlać do menażki wodę z piaskiem i potrząsać
naczyniem – taka mieszanka usunie wszystkie zabrudzenia, ale także
ochronną powłokę menażki, jeśli będziecie stosować tę metodę zbyt często*

34 Biegajcie boso

Regularnie zostawiajcie buty w szafie.
Chodząc boso, wzmacniacie stopy – staną się wytrzymalsze i mniej wrażliwe.
Jeśli dodatkowo przez kilka dni przed podróżą będziecie smarować swój
najważniejszy trekkingowy sprzęt kremem z łoju jelenia, zmiękczy to skórę
i żadne bąble ani obtarcia nie popsują Wam wyprawy

10 POWODÓW, dla których powinniście mieć przy sobie MATERIAŁOWĄ TAŚMĘ KLEJĄCĄ*

*Znana również jako: taśma tkaninowa, parciana, tekstylna.

35 Naprawa butów

W środku głuszy odkleja się podeszwa buta trekkingowego – oklejcie taśmą podeszwę i nos buta, a będziecie mogli dojść do najbliższego sklepu obuwniczego.

36 Rozpalanie ognia

Gdy wieje wiatr, taśma przyda się do zrobienia zapałki sztormowej. Od strony z klejem umieśćcie zapałkę, tak by jej główka wystawała lekko nad krawędzią taśmy. Obok niej przyklejcie kolejną zapałkę, tak by jej główka znajdowała się poniżej główki pierwszej zapałki. W ten sposób przyklej-cie od trzech do czterech zapałek. Następnie zawińcie taśmę dookoła.

37 Sznurowadło

Przerwało się sznurowadło? Taśma pomoże!

Rozerwijcie wzdłuż kawałek taśmy o długości około 60 centymetrów. Sklejcie ze sobą końcówki taśmy, oba klejem do środka. Na jednym końcu przywiążcie do taśmy mały patyczek, a drugi przymocujcie do nierucho-mego obiektu. Następnie kręćcie patyczkiem tak, aby taśma się skręciła klejącą stroną do środka. Po wystar-czającej liczbie obrotów otrzymacie wytrzymałe sznurowadło

38 Pałąki namiotu

Taśmą skleić można połamane pałąki namiotowe. Podobnie jak w przypadku złamanej ręki, po obu stronach złamania przyłożyć należy jako stabilizację dwie gałązki. Owińcie całą konstrukcję taśmą i pałąk dalej będzie Wam dobrze służył.

39 Składany kubek

Weźcie butelkę na wodę lub inny przedmiot o cylindrycznym kształcie. Owińcie ją nachodzą‑cymi na siebie warstwami taśmy, klejącą stroną na zewnątrz. Teraz spód i ścianki oklejcie kolejną warstwą taśmy, tym razem klejącą stroną do środka. Gdy ściągniecie taśmę z butelki, otrzyma‑cie wodoszczelny, składany kubek

40 Zastępstwo linki od namiotu

Przy dużym wietrze i deszczu namiot jest bezpieczną przystanią jedynie wtedy, gdy jego ściany są napięte. Doskonałym zamiennikiem dla zerwanych linek jest taśma. Potrzebujecie kawałka o długości około 1,2 metra, który przetniecie na pół i skręcicie, jak w przypadku sznurowadła

41 Naprawa namiotu

Namiot ma dziurę? Taśma niezawodnie ją zaklei. Dla wzmocnienia od środka naklejcie ją w ten sam sposób. Działa to również w przypadku plecaków, sakw rowerowych, moskitier...

42 Na spadające spodnie

Rozdarł się pasek?
Zmierzcie swój obwód w pasie. Dodajcie hojnie kilka centymetrów. Kawałek taśmy tej długości złóżcie wzdłuż na pół, przełóżcie przez szlufki i zawiążcie.

43
Suwaki

Gdy suwak w plecaku wyzionie ducha, zaklejcie go.

44 Otwieranie słoików

Wśród Waszego prowiantu znajduje się nieustępliwy słoik. Zaklejcie paskiem taśmy połowę wieczka i mocno pociągnijcie za jej koniec, a słoik się otworzy.

45 Jedna, a o wielu zastosowaniach

**Kolejna wszechstronna rzecz,
której nie powinno zabraknąć na żadnej wyprawie:**
bandana. Kwadratowej chusty użyć można jako kompres, zimny bądź ciepły,
na bolące miejsca lub skręcenia. Poza tym świetnie sprawdzi się jako myjka,
ręcznik, czapka, szalik, opaska do włosów, obrus, filtr, do zawinięcia jedzenia
albo jako flaga sygnalizacyjna.

46 Siedmiomilowe buty

Noszenie sandałów w wysokich górach może być groźne dla zdrowia, a ciężkie
trekkingowe buty na plaży będą irytować. Każda wyprawa wymaga odpowiedniego obuwia. Buty nad kostkę z relatywnie sztywną podeszwą są idealne na
przeprawę przez Alpy i wycieczkę z ciężkim plecakiem. Jeśli idziecie na
jednodniową wycieczkę, wystarczą trekkingowe półbuty. Latem zdecydować
się możecie także na (zabudowane) trekkingowe sandały, z podeszwą o dobrej
przyczepności.

47 Wpychać, a nie składać

Na wyprawie porządek w sprzęcie to połowa sukcesu.
Dużym wyjątkiem jest śpiwór. Możecie go dowolnie wpychać w jego pokrowiec. Jeśli będziecie go starannie składać, ucierpi na tym jego wypełnienie,
będzie bowiem stale zginane w tym samym miejscu. Zarówno sztuczne
wypełnienia, jak i puch na dłuższą metę tracą w ten sposób swoje izolacyjne
właściwości.

*Jeśli śpiwór, zamiast składać, wpychacie bezpośrednio do plecaka, lepiej
wypełni on wolne miejsce. Wieczorem wystarczy go tylko mocno wstrząsnąć
i nocą będzie Wam ciepło i przyjemnie. Wkład do śpiwora, z bawełny,
jedwabiu lub poliestru, powoduje, że śpiwora nie trzeba będzie zbyt
często prać.*

48 Charakter wyprawy określa, co należy zabrać

Podczas kilkudniowej wyprawy jej celem jest przebycie konkretnej trasy i to określa, co powinno znaleźć się w plecaku. Zdecydowanie trzeba mieć przy sobie podstawowe wyposażenie. Potem ważna jest decyzja, czy będziecie poruszać się po górach czy długim szlaku na płaskim terenie, czy będziecie mieszkać w schroniskach, B&B, czy spać pod gwiazdami

Podstawowe wyposażenie:
· buty i skarpety trekkingowe, bielizna i koszulki z wełny merino, kurtka softshellowa i polarowa, szalik, rękawiczki, kurtka przeciwdeszczowa i spodnie trekkingowe

· zapałki, scyzoryk, worek na śmieci (wodoodporny)

· ręcznik, mydło, szczotka i pasta do zębów, dezodorant, krem z filtrem UV i krem z łoju jelenia, papier toaletowy

· podróżna apteczka (maść na rany i maść lecznicza, opatrunki i bandaże, plastry i plastry na odciski, środek przeciwbólowy i przeciwgorączkowy, ewentualnie maść na kontuzje sportowe i środek na niestrawność)

· aparat, ładowarki, telefon, latarka (profesjonaliści biorą czołówki)

· osłona przeciwdeszczowa na plecak, okulary przeciwsłoneczne, przewodnik/mapa, kompas

· jedzenie, woda

Dodatkowo w przypadku górskich wypraw:
kijki trekkingowe, ewentualnie raki

Dodatkowo przy wyprawach na długich trasach: linka, igła i nici (w razie ich braku może być nić dentystyczna), proszek do prania, klipsy do prania, agrafki, środek przeciwko komarom, lekkie buty na wycieczki po mieście

Dodatkowo przy wyprawie na kemping: namiot, śpiwór, mata z izolacją, podkładka pod namiot, kuchenka turystyczna, garnek, kubek turystyczny

Dodatkowo, gdy nocujecie w B&B lub schronisku:
śpiwór do spania w budynku, klapki

49 Na jednodniową wycieczkę bierzcie lekki plecak

Jednodniowe wycieczki są fajne,
bo poza prowiantem i butelką wody nie musicie prawie nic ze sobą brać. Na wszelki wypadek spakujcie jednak apteczkę, scyzoryk, dobrą mapę i latarkę lub czołówkę. Pamiętajcie, że pogoda – szczególnie w górach – może się szybko zmienić. Dlatego powinniście zabrać także kurtkę przeciwdeszczową i polar.

Wskazówka: Twórzcie listy bagażu na Wasze wyprawy, najlepiej w telefonie, np. w odpowiedniej aplikacji. W ten sposób możecie je modyfikować, dopisując rzeczy, których zabrakło podczas poprzedniej wycieczki.

50 Niech żyją papierowe mapy!

O, nie! W telefonie padła bateria i teraz nie macie ani nawigacji, ani mapy. Dlatego zawsze warto zabrać dobrą papierową mapę terenu, po którym wędrujecie.

Jeśli przemieszczacie się po małym terenie, mapa w skali 1 : 25 000 będzie idealna. Wtedy dwa centymetry na mapie odpowiadają czterem kilometrom.

Jeśli planujecie wędrówkę na dłuższym dystansie, wybierzcie mapę w skali 1 : 50 000. Dwa centymetry na mapie będą odpowiadały dwóm kilometrom w terenie.

Wskazówka: Na mapie możecie również zobaczyć, jak stromy jest teren. Im bliżej siebie znajdują się linie konturowe (linie prezentujące rzeźbę terenu), tym bardziej jest stromo. Na mapie w skali 1 : 50 000 odległość między dwiema liniami odpowiada odległości 20 metrów. Jeśli Wasza trasa biegnie wzdłuż linii, macie szczęście – droga będzie (relatywnie) płaska

51 Chaos pod kontrolą

Plecaki często bywają siedliskami chaosu. Posegregujcie więc rzeczy (ubrania, jedzenie, sprzęt kempingowy) i włóżcie w torby o różnych kolorach. W ten sposób zawsze będziecie wiedzieli, co gdzie jest. Użyjcie do tego wodoszczelnych worków.

Dobrą alternatywą dla nich są woreczki strunowe ziplock, dostępne w różnych rozmiarach.

52 Wietrzenie jedzenia

Zupki w proszku, chińskie zupki z makaronem i żywność liofilizowana pakowane są w woreczki. Zróbcie igłą dziurkę w opakowaniu, wyciśnijcie powietrze i zaklejcie otworek taśmą klejącą. W ten sposób woreczki zajmą mniej miejsca i będzie można ciaśniej je spakować.

53 Kwestia wagi

Nie ma nic gorszego niż zbyt ciężki plecak. Weźcie wagę z kuchni i zważcie elementy wyposażenia. Będziecie wiedzieli, co ile waży i czy nie lepiej z tego zrezygnować, niż potem to dźwigać. Możecie także sprawdzić, czy w sprzedaży nie ma lżejszej wersji (pamiętajcie jednak: im lżejsze, tym droższe).

54 Żegnajcie, opakowania!

Batoniki müsli i energetyczne, środki higieny, przyprawy:
wszystko to ma niewygodne lub ciężkie opakowania. Pudełka po filmie do aparatu na wszystko, co nie służy do jedzenia (zapałki, szampon, przybory do szycia itp.), oraz woreczki z siatki i strunowe z zapięciem ziplock to lżejsza alternatywa.

55 Inspekcja

DNie jesteście pewni, co powinniście zabrać?
Rozłóżcie wszystko, co wybraliście. Posortujcie to tematycznie przed sobą, na podłodze. Pomyślcie o każdej z tych rzeczy, czy rzeczywiście jej potrzebujecie. Spróbujcie wyobrazić sobie różne sytuacje, w których dźwigać będziecie swój bagaż z punktu A do B.

Wskazówka: Weźcie ze sobą kilka starych ubrań, które później będziecie mogli bez żalu wyrzucić, aby zrobić w bagażu miejsce na pamiątki. Przede wszystkim postawcie na te rzeczy, które szybko schną.

56 Wielofunkcyjność jest atutem!

Weźcie rzeczy, które są wszechstronne.
Chusta może być także szalikiem, czapką, opaską do włosów. Pareo (duża chusta) jest doskonałe do ochrony przed słońcem, jako koc lub ręcznik. Również inne rzeczy wykorzystać można na wiele sposobów: polar może stać się poduszką, T-shirt poszewką, a telefon latarką. Dzięki temu zaoszczędzicie na wadze.

57 Magiczny sznurek

Paracord to cienka, lekka linka, której kilka metrów powinniście mieć w plecaku. Dawniej używana wyłącznie w spadochronach, ma niezliczone zastosowania, m.in. stać się może nawet sznurowadłem w bucie trekkingowym. Szykownie i przygotowani na wszystko poczuć się możecie z opaską z linki paracord, która również wyglądają fajnie gdy się ją rozplącze i otrzyma około 3 metrów wytrzymałej linki wysokiej jakości.

58 Duże na dół

Duże, lekkie rzeczy pakujcie na **dół plecaka**. Może to więc być śpiwór, kurtka puchowa i wszystko, co mało waży, a dobrze wypełnia miejsce. Dolna część plecaka powinna być dobrze wypełniona.

59 Żeby ciężkie lekko się niosło

Namiot, kuchenka, kurtka hardshell – wszystko to trafić powinno do **środkowej części, blisko pleców**. W ten sposób plecak nie będzie ciągnął do tyłu.

Wskazówka: Ciężkie rzeczy pakujcie niżej, jeśli będziecie chodzić po górach, a wysoko, przy ramionach, jeśli wędrować będziecie po równinach.

60 Osiągnijcie równowagę

Gdy ciężkie przedmioty zapakujecie w środkowej części przy plecach, lżejsze – apteczka, jedzenie, ubrania i drobne rzeczy – będą łatwo dostępne z przodu **części środkowej** i **na górze**.

61 Szybki dostęp

Wszystko, czego możecie nagle potrzebować, powinno znaleźć się w kieszeni w **klapie plecaka**:
kompas, mapa, aparat, krem z filtrem UV, nóż, latarka. Możecie się do tego szybko dostać w każdej chwili, np. w środku nocy, gdy coś buszuje w krzakach i chcecie się upewnić, czy nie zakrada się do Was niedźwiedź.

Dodatkowa wskazówka: Weźcie ze sobą małą kłódkę na szyfr. Możecie nią zapinać zewnętrzne kieszenie plecaka, a także użyć na szafce w hostelu lub spiąć suwak w wejściu do namiotu.

62 Dom na dwóch kółkach

Na czas wycieczki rowerowej cały Wasz dobytek rozłożony
będzie na rowerach. Tylko czy dobrze to zrobiliście? Czy rower
nie kołysze się w trakcie zjeżdżania lub wjeżdżania pod górę?
W ten sposób spakujecie się prawidłowo:

60–70 procent wagi
bagażu powinno znaleźć
się w sakwach na tylnym
kole. Uważajcie, aby
w obu sakwach ciężar był
równomiernie rozłożony.

WSKAZÓWKA *Ciężkie i rzadko używane rzeczy
zapakujcie przy tylnej ścianie sakwy i, jeśli to
możliwe, blisko środka koła. Większy ciężar w pobliżu osi koła zwiększy komfort jazdy.*

W torbie na kierownicy powinno znaleźć się
wszystko, co jest ważne, w tym mapa.

*Mapę włożyć możecie do woreczka z zapięciem
ziplock. Jeśli to konieczne, złóżcie ją tak, aby
widoczny był odpowiedni jej fragment – na
foliowym woreczku zaznaczać można trasę i robić
notatki wodoodpornym flamastrem.*

Do sakwy na przednie koło,
zwanej także lowrider,
zapakujcie lżejsze rzeczy,
np. śpiwór.

**Teraz potrzebujecie
tylko jednego:**
odpowiedniej siły
w łydkach.

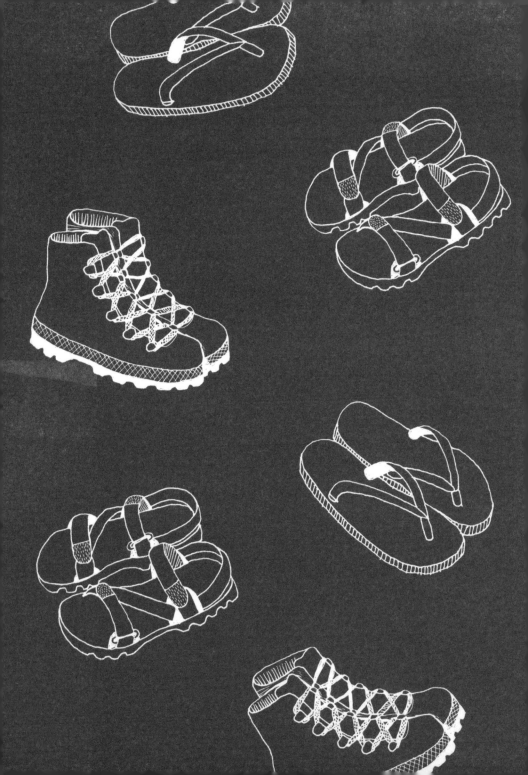

PORA WYRUSZAĆ!

Nadszedł ten czas!
Rower z niecierpliwości już przebiera pedałami, buty trekkingowe
niczym w bloczkach startowych czekają przy drzwiach.
Co czeka Was na szlaku, co wyczytać można z chmur, jak z plecaka
zrobić najlepszego towarzysza podróży, a przyrodę uczynić
swoją przyjaciółką?
Porady i lifehacki na kolejnych stronach pomogą Wam
przygotować się na wszystko.

63 Chodzenie bez częstego siadania

Podczas wędrówki sznurowadła się rozwiązują. Dlatego co jakiś czas będziecie musieli je ponownie porządnie zasznurowywać. Wiązanie butów tak, żeby nic nie uwierało, nie obcierało i but nie latał na stopie, jest samo w sobie sztuką (patrz s. 56).

64 Smrodliwe, ale działa

Smrodliwe, ale działa:
Na dłuższych wyprawach nie powinno się zmieniać skarpetek. Noszone skarpety są zmiękczone od potu, a świeże są sztywne i twarde.

Przy okazji: Do butów sypać można sodę oczyszczoną, aby pozbyć się brzydkiego zapachu..

65 Klejenie i oklejanie

Wiecie, które miejsca na Waszych stopach podatne są na tworzenie się pęcherzy?
Jeśli tak, to już wcześniej oklejcie je plastrem w rolce. Czujecie, że gdzieś obciera? Natychmiast (naprawdę natychmiast!) się zatrzymajcie i oklejcie obtarcie zwykłym plastrem lub na odciski. Nie używajcie jednak dwuwarstwowego plastra na skaleczenia, bo takie się przecierają albo odklejają, w przeciwieństwie do przylegającego plastra w rolce.

Wskazówka: Kawałek taśmy klejącej przykleić możecie do kijka trekkingowego, butelki na wodę lub zapalniczki, aby w czasie wędrówki mieć do niej szybki dostęp. Podczas wyprawy znajdziecie milion zastosowań dla niezawodnej taśmy, ale nie znaczy to, że musicie zawsze zabierać ze sobą całą rolkę.

66 Zawsze porządnie wysuszone

Upewnijcie się, czy nie macie zbyt mokrych stóp, są to bowiem idealne warunki do robienia się pęcherzy. Stosujcie więc puder do stóp, aby zapobiegać poceniu, a podczas przerw stopy i skarpetki wystawiajcie na słońce. Po kąpieli dobrze suszcie stopy, a gdy pada deszcz, zakładajcie stuptuty, żeby mniej wody przenikało do butów.

67 Strategia podwójnej skarpetki

W butach trekkingowych skarpetki oczywiście nie powinny się marszczyć. Jeśli jednak pod skarpetkami trekkingowymi – termoaktywnymi, nigdy bawełnianymi – nosić będziecie nylonowe, unikniecie pęcherzy. Skarpetki trą o siebie nawzajem, a nie o skórę na stopach.

68 Przechytrzone!

Jeśli nie macie po wędrówce ochoty wyrywać ze sznurówek rzepów i innych nieproszonych gości, przed wyjazdem natrzyjcie sznurowadła parafiną.

69 Pi razy kciuk

Oczywiście istnieją teraz aplikacje, które dokładnie określają godzinę zachodu słońca. Jednak w razie konieczności to, kiedy zajdzie słońce, pozwoli określić także Wasza dłoń. Ułóżcie palce równolegle do horyzontu, tak aby palec wskazujący znalazł się dokładnie pod słońcem. Obliczcie odległość od palców do horyzontu. Każdy palec odpowiada 15 minutom, jakie Wam pozostały do zachodu słońca.

70 Czytając z cieni, odnaleźć kierunek

Dacie sobie radę także bez kompasu:
Wbijcie w ziemię kij o długości około 1 metra i połóżcie kamień na końcu jego cienia. Odczekajcie od 10 do 15 minut i połóżcie drugi kamień na nowym miejscu, w którym kończy się cień. Narysujcie linię pomiędzy dwoma kamieniami – to wskaże Wam linię wschód–zachód. Jeśli staniecie lewą nogą przy pierwszym kamieniu i prawą przy drugim, patrzeć będziecie na północ.

71 Tu jesteśmy!

Szczególnie w górach telefon często nie łapie sieci.
Dlatego spakujcie do plecaka latarkę, którą w awaryjnej
sytuacji możecie nadać alfabetem Morse'a sygnał SOS: trzy krótkie
błyski, trzy długie, trzy krótkie. Nadawać możecie także sygnał alpejski,
tzn. 6 razy na minutę, co 10 sekund, wołać, używać gwizdka, uderzać w coś lub
dawać sygnał świetlny. Po minucie przerwy nadajecie kolejny raz.

72 Pomoc z góry

Krąży nad Wami helikopter górskich ratowników.
Jeśli potrzebujecie pomocy, zróbcie znak „Yes": obie ręce wyciągnijcie
w górę, aby tworzyły literę „V". Jeśli wszystko jest w porządku, pokażcie znak
„No": jedna ręka prosto w górę, druga prosto w dół.

73 Sztuka chodzenia

Najlepiej znaleźć własny rytm chodzenia, licząc kroki w rytmie „1, 2, 3, 4"
podczas wydechu i tak samo podczas wdechu. Jeśli jest bardziej stromo lub
brniecie przez śnieg, rytm powinien zostać taki sam, a jedynie kroki powinny
stać się krótsze. Jeśli wysiłek staje się zbyt duży, zmniejszcie tempo do trzech
kroków na oddech.

74 Tik-tak na południe

Analogowy zegarek wskaże Wam kierunki świata.
Ustawcie tarczę krótką wskazówką w kierunku słońca.
Wyznaczcie linię od środka tarczy do godziny 12 i podzielcie na pół kąt pomię-
dzy wskazówką godzinową i tą linią. Oto kierunek na południe.
W czasie letnim linię wyznaczyć należy do cyfry 1, a zimowym – do 12.

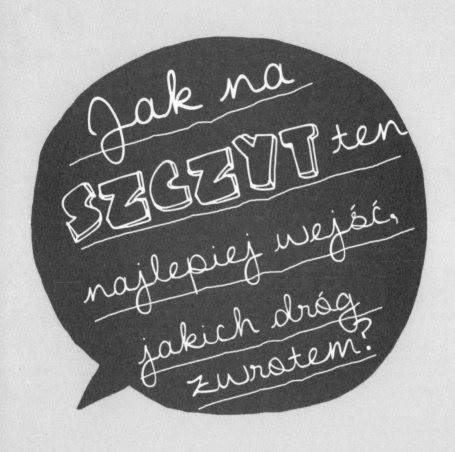

Postępuj jeno ciągle

WZWYŻ

i nie

MYŚL

o tem !

FRIEDRICH NIETZSCHE

GÓRSKIE WĘDRÓWKI

dla mieszkańców nizin

Dlaczego ludzie wspinają się po górach?
Bo po prostu mogą, a także dlatego, że jest to
wspaniałe uczucie, gdy osiągnie się szczyt
i wyżej nie ma już nic oprócz bezkresnego
nieba. Na pierwszej wyprawie zostawcie
jednak czterotysięczniki innym. Początkujący
będą się świetnie bawić nawet przy
zdobywaniu szczytów o wysokości do 1000
metrów. Poza tym muszą Wam zostać jakieś
cele na kolejne wyprawy!

76 Noście dobre skarpetki

Kupiliście już dobre buty trekkingowe, które chronią kostkę, mają dobrą podeszwę i są wodoodporne? Ważne są jednak także dobre skarpetki trekkingowe, wzmocnione w odpowiednich miejscach, by chronić stopę, kostkę i palce przed otarciami i urazami. Upewnijcie się, że są włożone dobrze i nie marszczą się od spodu stopy.

77 Bądźcie na luzie

Zamiast ścigać się z innymi o zdobycie szczytu, jako początkujący lepiej podejdźcie do tego na pełnym luzie – idźcie powoli, lekko pochyleni do przodu, równymi, krótkimi krokami.

78 Nareszcie na górze!

Ojej, dlaczego wszystko się teraz chwieje, gdy patrzycie w dół?
Okropne zawroty głowy powstrzymacie kilkoma sztuczkami:
Patrzcie w dół tylko przez krótką chwilę. W stromych miejscach zawsze się czegoś mocno przytrzymujcie, co Was uspokoi i da Wam poczucie bezpieczeństwa. Dobrze jest skupiać wzrok na jakimś stałym punkcie, np. drzewie. Złym pomysłem jest patrzenie na płynące po niebie chmury! W górach zupełnie pomiesza to Wasz zmysł orientacji

79 Rezerwa mocy

Koniecznie miejcie ze sobą oddychającą, wodoodporną kurtkę. Gdy w dolinie panuje pełnia lata, na szczycie może być bardzo wietrznie. Pilnujcie, aby nie zabrakło Wam sił. Co dwie godziny powinniście robić przerwę, napić się trochę wody i zjeść przekąskę.

80 Spokojny powrót

Z powrotem na dół schodzić będziecie na lekko ugiętych nogach i miękkich kolanach. Robiąc sobie liczne krótkie przerwy (co 20–30 minut), unikniecie upadku.

81 Ćwiczenia anty-„aua!"

Gdy po długiej wędrówce z plecakiem bolą plecy lub ramiona, pomoże Wam kilka ćwiczeń. Są równie dobre jako trening przed wyprawą!

1. Przez 30 sekund kręćcie ramionami do tyłu i w dół.

2. Szyję utrzymacie w formie, jeśli pochylicie powoli głowę, bez obracania jej, ku prawemu ramieniu. Jednocześnie lewe ramię powoli opuszczajcie w dół, ze spodem dłoni skierowanym do podłogi. Spokojnie oddychając, zostańcie w tej pozycji przez 15 sekund i zmieńcie stronę.

3. Rozciągniecie klatkę piersiową, jeśli trzymane wzdłuż ciała ręce przesuniecie za plecy, ze spodami dłoni skierowanymi ku sufitowi. Stójcie w tej pozycji przez 15–20 sekund, pamiętając, aby utrzymać prosty kręgosłup.

4. Półmostek wzmacnia plecy. Połóżcie się na macie na plecach, nogi rozstawcie na szerokość bioder. Proste ręce połóżcie wzdłuż ciała. Następnie unieście biodra tak, aby wraz z korpusem tworzyły linię prostą. Opuśćcie biodra i ponownie podnieście.

5. Zwarta paczka: podciągnijcie kolana do klatki piersiowej, obejmijcie je rękami i zróbcie wydech. Rozluźnijcie lekko kolana i znów przyciągnijcie je do siebie. Rozciągniecie w ten sposób mięśnie wzdłuż kręgosłupa, zwiększając swoją elastyczność.

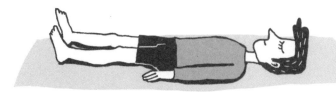

6. Na koniec zrelaksujcie się – weźcie kilka wdechów, leżąc na plecach z luźno rozłożonymi rękoma i nogami.

82 Nie odlatujcie!

Macie ochotę na lot na paralotni z peleryny przeciwdeszczowej?
Lepiej nie!
Podczas wędrówek w wietrznych regionach (np. w Szkocji) lepsza jest kurtka
przeciwdeszczowa z kapturem. Jeśli bowiem złapiecie wiatr w luźną pelerynę,
możecie pofrunąć.

83 Hamowanie na lodzie

W przypadku gołoledzi naciągnijcie na buty wełniane skarpety, a wtedy
nie będziecie się tak strasznie ślizgać.

*Wskazówka: Wełniane skarpety przydatne są także jako osłonka na łatwo
łamiące się lub tłukące przedmioty.*

84 Mała grupa zamiast dużej

**Idąc w cztero- lub trzyosobowej grupie, wszyscy będą się wlec z najwol-
niejszą osobą lub osoba ta ostatkiem sił będzie się starała dotrzymać
kroku reszcie grupy:**
Aby nikt nie dyszał z wysiłku ani nie ziewał z nudów, każdy powinien iść
swoim tempem. Na końcu danego odcinka trasy znów się wszyscy spotkacie.

85 Trasa jak spod igły

Świetnie, GPS nie działa, a zamiast kompasu w plecaku macie przybory do
szycia. Nic nie szkodzi! Potrzyjcie igłą o kawałek materiału, połóżcie ją na
małym listku, a listek umieśćcie w kałuży lub w wodzie w kubku, tak aby
unosił się na powierzchni. Igła ustawi się czubkiem w kierunku północnym.

PUNKT NEI-KUAN

86 Dalekowschodni relaks

Złapała Was morska choroba?
W aptekach nabyć można opaskę do akupresury (Sea-Band), którą niczym bransoletkę nakłada się na nadgarstek. Dzięki niej naciskać można kciukiem drugiej ręki na punkt Nei-Kuan, znajdujący się w odległości trzech palców powyżej nadgarstka.

87 Kijem pokonacie skały

Już nasi przodkowie wiedzieli, że wspieranie się w czasie wędrówki na kiju zapewnia większą równowagę i chroni przed urazem kolana oraz plecy. Zwłaszcza gdy z ciężkim plecakiem wędruje się po górach. Jeśli chcecie zrobić sobie kij sami, wybierzcie prostą gałąź, najlepiej z twardego drewna, takiego jak klon lub olcha. Poszukajcie jej na skraju drogi (nigdy nie ścinajcie gałęzi z żywego drzewa!). Kij powinien sięgać od ziemi do pachy. Żeby ustalić prawidłową długość, przytrzymajcie kij przed sobą, jak podczas marszu, chwytając go ręką lekko ugiętą w łokciu. Utnijcie go scyzorykiem 5 centymetrów powyżej miejsca, w którym trzymaliście dłoń. Kij gotowy do użycia!

88 Dobrze zasznurowane

Wystarczy wskoczyć w buty i w drogę?

Gdyby tylko było to tak proste! Wiązanie butów trekkingowych to osobna dziedzina nauki, która jest o tyle ważna, że na pewno uniknąć chcecie obtarć i pęcherzy. Zasadą jest, że po 15–20 minutach but trzeba rozwiązać i ponownie zasznurować, ponieważ but i stopa przyzwyczają się do ruchu dopiero po tym czasie.

1. Upewnijcie się, że język podczas wiązania znajduje się dokładnie na środku. W dopasowanych butach będzie się tak działo niemal samoczynnie.

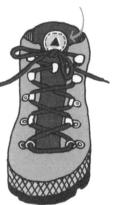

2. But powinniście wiązać inaczej w zależności od tego, czy się wspinacie, czy schodzicie z góry. Ważne są tu dwa haczyki lub oczka, które znajdują się na wysokości przejścia pomiędzy podbiciem a kostką i są lekko cofnięte. Jeśli idziecie pod górę, podbicie powinno mocno się trzymać – poniżej haczyków stabilizujących wiążecie wtedy mocniej, a na kostce luźniej. Jeśli schodzicie, robicie odwrotnie, aby unieruchomiona była pięta (patrz 3).

3. Jeszcze jedno rozwiązanie:
Latająca pięta: jeśli pięta przy każdym kroku podnosi się w bucie, nieuchronnie prowadzi to do powstania pęcherza. Można temu zapobiec, wiążąc sznurowadło poniżej haczyków stabilizujących i przewlekając je równolegle do siebie przez dwa oczka, nie krzyżując go. W ten sposób nacisk będzie większy w dolnej części buta i stopa zostanie usztywniona.

4. Uwierają Was buty?
Aby złagodzić nacisk butów na wrażliwe miejsca na stopie lub podbiciu, możecie w takich miejscach wiązać sznurowadło nie na krzyż, ale równolegle. Dzięki temu zmniejszycie tam nacisk, regulując szerokość buta.

89 Byle niczego nie zwichnąć

Zakładanie plecaka dla początkujących:
Podnieście plecak za paski na ramiona i postawcie go na murze,
ławce lub jakimkolwiek innym wyższym miejscu.
W ten sposób, gdy obrócicie się do plecaka tyłem, załóżycie paski na ramiona
w sposób przyjazny dla pleców. Jeśli w pobliżu nie ma murka
ani ławki, podnieście jedną nogę, postawcie plecak na udzie, załóżcie jeden
pasek na ramię, po czym ręką, którą przełożyliście przez pasek,
podtrzymajcie plecak od spodu i krótkim ruchem zarzućcie
go na drugie ramię.

90 Dobrze rozłożony ciężar

Zawsze zapnijcie: najpierw pas biodrowy i zaciągnijcie paski.
W ten sposób upewnicie się, że ciężar plecaka opiera się na biodrach,
a nie na ramionach.

91 Na ramionach

Gdy pas biodrowy jest zapięty, ściągnijcie paski na ramionach, tak aby
dokładnie przylegały do ramion. Pamiętajcie, aby po obu stronach były
ściągnięte równomiernie. Dzięki tym paskom możecie w czasie marszu
przenosić ciężar plecaka z bioder na plecy i na odwrót.

92 Zdejmowanie plecaka

Aby odłożyć plecak, należy poluzować
paski w odwrotnej kolejności.

93 Nie obwieszajcie się

Pewnie, czasem trzeba przyczepić coś na zewnątrz plecaka, np. butelkę wody. Jest to jednak mało wygodne, bo w zależności od terenu możecie o coś zaczepić. To, co powinno zawsze znaleźć się na zewnątrz, to mata z izolacją. Możecie przyczepić ją z dołu plecaka (większość modeli ma do tego specjalne paski) lub jeszcze lepiej pionowo, na boku. W ten sposób nic nie wystaje z plecaka tak, że mogłoby się zaczepiać w terenie, i dzięki temu jesteście bardziej mobilni.

94 Dopasowanie

Aby wyjść naprzeciw jak największej liczbie klientów, producenci plecaków zaopatrują je w jak najdłuższe paski. Może to być problemem, jeśli jest się drobnym, ponieważ zbyt długie paski po prostu przeszkadzają. Skróćcie je nożyczkami do najwygodniejszej długości, a końcówki stopcie zapalniczką.

95 Czytanie tropów

Czasem szlak wygląda jak po godzinach szczytu, tyle pokrywa go tropów. Dobrze jest wiedzieć, czy przebiegał tędy jeleń, czy za zakrętem ścieżki czeka właśnie na Was dzik. Jeśli umiecie rozpoznawać tropy zwierząt, będziecie przygotowani.

Dzik

Kruk

Mysz

96 Pierwsza pomoc

Wiele napraw roweru dokonać można samodzielnie, jednak trzeba mieć ze
sobą odpowiednie narzędzia. Poza zestawem naprawczym do opon i pompką
powinniście mieć przy sobie przynajmniej jeden zapasowy wentyl i zestaw
zawierający wszystko: od śrubokrętu po klucze imbusowe.
Również tu obowiązuje zasada, by nie kupować najtańszego!

97
Na jednej nodze nie ucieknie

Cholera, zapomnieliście blokady do roweru!
Choć to trochę nieporęczne, możecie zostawić swój rower niepilnowany, jeśli
odkręcicie przednie koło i zabierzecie je ze sobą.

*Jeśli jesteście w mieście, wstawcie swój rower pomiędzy inne, przypięte,
rowery – zwiększy to prawdopodobieństwo, że złodzieje go nie zauważą.*

98 Zabawy w piaskownicy

Rower i piasek do siebie nie pasują.
Jeśli jednak macie na trasie luźny piasek, to zostańcie na siodełku i jedźcie po
prostu dalej. Jeśli jedziecie rowerem po plaży,
starajcie się trzymać brzegu, grunt jest tu bowiem najstabilniejszy.

Pod wieczór dokładnie wyczyśćcie rower!

99 Prawidłowa jazda pod górę

Przyjemnie zjeżdża się z górki, ale nagle przed Wami wyrasta kolejne wzgórze. Wykorzystać musicie rozpęd. Włączcie niższy bieg i zacznijcie spokojnie, równomiernie pedałować, gdy rower zacznie zwalniać. Dopasujcie rytm pedałowania do nachylenia, a niski bieg nada Wam takiego samego pędu co wysoki. Spróbujcie pokonać wzniesienie, siedząc na siodełku.

100 Pomoc w hamowaniu

**Zdarza się to rzadko, ale może się wydarzyć:
jeden z hamulców nie działa!**
Po pierwsze: bez paniki! Rower ma dwa hamulce. Spróbujcie stopniowo przyhamowywać, aż dojedziecie do bardziej płaskiego odcinka trasy. Poza tym na obciążonych rowerach trekkingowych dłuższe zjazdy należy pokonywać powoli.

101 Zadbajcie o swoje „dolne plecy"

To, że możecie poczuć ból w tej części ciała, jest normalne w przypadku dłuższych wypraw. Najgorszy byłby stan zapalny, który może oznaczać koniec wycieczki. Na dłuższe trasy powinniście koniecznie wyposażyć się w szorty kolarskie, z płaskimi szwami i wkładką. Aby uniknąć stanu zapalnego, szczególnie przy wilgotnej i zimnej pogodzie, warto użyć kremu na otarcia, dostępnego w sklepach sportowych. Można go stosować bezpośrednio na skórę lub na wewnętrzną stronę spodenek.

102

Back in the saddle again

Pod górę, z górki, pedałowanie i podziwanie widoków:
po długim dniu w siodle ten lub inny mięsień zawsze Was zakłuje
i się zepnie. Dzięki tym ćwiczeniom jogi przygotujecie
się na kolejny dzień na rowerze:

Motylek

Usiądźcie na ziemi i złączcie podeszwy stóp, z kolanami na
boki. Teraz powoli, bez wkładania w to większej siły,
pochylajcie się do przodu, przytrzymując dłońmi stopy.
Pozostańcie w tej pozycji przez trzy minuty, rozluźnieni,
głęboko oddychając przez nos.

Aby wyjść z ćwiczenia, oprzyjcie ręce obok lub
za plecami i powoli, jedna po drugiej, rozprostujcie
nogi i wyciągnijcie je przed siebie.

Wsłuchajcie się w Wasze serca

Połóżcie się na plecach, zegnijcie kolana i postawcie stopy na
podłodze. Pozwólcie teraz opaść kolanom na boki i złóżcie stopy,
podeszwami do siebie. Połóżcie jedną rękę na brzuchu, a drugą w
pobliżu serca. Zamknijcie oczy, róbcie głębokie wdechy i wydechy,
utrzymując pozycję przynajmniej 30 sekund.

Koci grzbiet

Stańcie na czworakach, tak by kolana znajdowały się dokładnie pod biodrami. Nadgarstki, łokcie i ramiona także miejcie w jednej linii, a ręce proste. Głowa powinna być przedłużeniem grzbietu, z twarzą skierowaną w dół. Wraz z wydechem zaokrąglajcie plecy, kierując głowę ku podłodze, ale nie dociskając jej do klatki piersiowej. W czasie wdechu wygnijcie plecy w dół, zbliżając pępek do podłogi i unosząc jednocześnie głowę. Powtórzcie ćwiczenie kilka razy.

Odchylcie się do tyłu

Uklęknijcie na podłodze, z podbiciami stóp do dołu i złączonymi kolanami. Powoli pochylajcie się do tyłu, tak aby pośladkami dotknąć do podłogi, a biodra znalazły się pomiędzy stopami. Oprzyjcie się na przedramionach i powoli opuszczajcie górną część ciała. Wytrzymajcie w pozycji przynajmniej 30 sekund.

10 POWODÓW, dla których powinniście mieć przy sobie GUMKI do WŁOSÓW

103 Elastyczne mocowanie

Wzięliście płachtę biwakową lub namiot, ale urwała się gumka do mocowania śledzi? Zawiążcie gumkę w węzeł kotwiczny (patrz s. 91) przez dziurkę w plandece i załóżcie na śledzia.

104 Modyfikacja plecaka

Kijki trekkingowe lub butelkę z wodą możecie przymocować także na zewnątrz plecaka. Wystarczy zawiązać węzłem kotwicznym gumkę na jednej z wielu szlufek.

105 Zakładka

Ciągłe szukanie właściwej strony w przewodniku jest bardzo irytujące. Założona na odpowiedniej stronie gumka rozwiąże sprawę.

106 Utrzymanie porządku

Zadbajcie o ład w bocznych kieszeniach plecaka i pospinajcie gumkami do włosów rzeczy, które mają zbliżone zastosowanie: karty bankowe i paszport, zapalniczkę i latarkę, nóż z widelcem i łyżką...

107 Widzieć wyraźniej

Zsuwające się okulary łatwiej utrzymają się na miejscu, gdy wokół zauszników owiniecie gumki.

108 Porządek z kablami

Koniec z supłami: zwińcie równo kabel od ładowarki do telefonu i przymocujcie go gumką do wtyczki..

109 Zawsze pod ręką

Gumkami do włosów możecie także zamocować różne przedmioty do ramy roweru, szczególnie te, do których potrzebny jest szybki dostęp: pompkę, latarkę, zapalniczkę itp. Zróbcie po prostu węzły kotwiczne i przełóżcie te rzeczy przez pętelki.

110
Małe gadziny

W długiej trawie mogą kryć się kleszcze. Użyjcie gumek do włosów, aby spiąć nogawki spodni – dzięki temu krwiopijcy nie wespną się Wam po nogach ani nie wejdą do skarpet.

111 Deszcz stop

Gdy wędrujecie na deszczu, powinniście zadbać o to, żeby długie rękawy pod kurtką przeciwdeszczową zawsze były trochę podciągnięte. W przeciwnym razie mankiety zrobią się nieprzyjemnie mokre. Dwie gumki do włosów założone w połowie ramienia sprawią, że rękawy nie będą się zsuwać.

112 Reflektor

Zapada noc, a nie macie lampki na rowerze?

Pomoże latarka w telefonie i gumki do włosów: zamocujcie dwie gumki węzłami kotwicznymi na lewo i prawo od środka kierownicy. Wsuńcie w pętelki telefon – poziomo, ekranem do Was – i włączcie latarkę.

113 Pomoc od natury

Oczywiście spakowaliście podróżną apteczkę, ale nie
sposób przygotować się na każdą ewentualność,
a czasem naturalne leki są nawet lepsze.
Trzeba tylko wiedzieć które!

Zielony lekarz:
Małe otarcia leczą się lepiej, jeśli skropi się je antybakteryjnym
sokiem z babki lancetowatej.

Medyk z pobocza:
Na pęcherze pomaga babka zwyczajna. Połóżcie na bolące miejsce gładki
czubek listka i nałóżcie na to skarpetkę, a szybko Wam pomoże!

Doktor Kwiatek:
Sok ze startych stokrotek pomaga na
swędzące ukąszenia owadów.

Zębowa Wróżka:
Gdy dokucza Wam ból zęba, pomoże
rzucie goździków.

Uzdrowiciel gardła:
Płukanie bolącego gardła herbatą z liści szałwii łagodzi dolegliwości.

Zimne lekarstwo:
W przypadku bólu głowy pomoże chłodzący olejek z mięty pieprzowej, lekko
wmasowany w skronie.

CHWAST

to

ROŚLINA,

której ZALETY nie zostały jeszcze ODKRYTE

RALPH WALDO EMERSON

**Cirrocumulus – unoszące się wysoko kłębiasto-
-pierzaste chmury**
które zazwyczaj zwiastują zmianę pogody. Latem
często zapowiadają burz.

Cirrus – chmury pierzaste,
zwiastujące pogorszenie pogody i zbliżające się
niskie ciśnienie.

114 Odrobina wiedzy
o chmurach i pogodzie

Wędrować dalej czy rozbijać obóz?
Jedno spojrzenie w górę oznaczać może koniec wędrówki na dziś. Jeśli na
niebie widzicie cirrostratusy, zwiastują one złą pogodę.

**To, czy nadchodzi deszcz czy słońce,
zdradzą Wam chmury:**

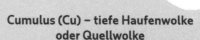

**Cumulus (Cu) – tiefe Haufenwolke
oder Quellwolke**
Sehen oben aus wie Blumenkohl, zeigen
meistens schönes Wetter an.

Cumulus – gęsta, kłębiasta chmura
przypominająca kształtem główkę
kalafiora, zazwyczaj zwiastuje dobrą
pogodę.

**Altocumulus – małe obłoczki na
średniej wysokości**
które im gęściej się skupiają, tym
gorsza będzie pogoda.

Cumulonimbus – chmura burzowa
sprowadzająca śnieżycę, grad lub deszcz, z towarzy-
szącą im burzą i silnymi podmuchami wiatru.

115

ZASADY WĘDROWANIA

Jak długi odcinek szlaku powinno się pokonywać z dzieckiem?

Różne stowarzyszenia turystyki pieszej orientacyjnie proponują pomnożyć wiek dziecka razy 1,5. Oznacza to, że siedmiolatek może pokonać odcinek długości 10,5 kilometra, przy czym zmiana wysokości o 100 metrów odpowiada 1 kilometrowi.

116 Wszystko razy dwa

Jeszcze jedna porada, jak wędrować z dziećmi:
Zaplanujcie dwa razy więcej czasu na pokonanie trasy, niż potrzebowałaby osoba dorosła. Weźcie ze sobą dodatkowy komplet ubrań, na wypadek gdyby Wasza pociecha wykąpała się w strumieniu lub zaczęła marznąć.

117 Sfora malców

Jeśli drogę spędza się na ściganiu z innymi, żartach i dobrej zabawie, można nie zauważyć, jak długo trwa wędrówka. Dlatego zaplanujcie wycieczkę z osobami, które też mają dzieci.

118 Wielka ekspedycja

Nawet małe dzieci potrzebują własnego (lekkiego) plecaka. Włożyć do niego można ulubioną zabawkę, kubek, lupę oraz torebki lub woreczki na wszystkie wspaniałe znaleziska.

119 Plusk, plusk

Wycieczka wzdłuż strumieni lub małych jezior jest wspaniała. Podczas upału wszyscy mogą schłodzić sobie stopy, zbudować łódki z kory lub puszczać kaczki płaskimi kamykami.

120 Wyjście awaryjne

Aua, dalej nie idę! Malucha bolą stopy i wszystko mu teraz przeszkadza. Aby nie nieść go całą drogę, wybierzcie trasy, które łatwo możecie skrócić, w zależności od kondycji i nastroju.

Wskazówka: Podczas planowania wycieczki powinniście koniecznie zaangażować w to dzieci, aby później nie marudziły. Wspólnie wybierzcie mapę i po drodze razem sprawdzajcie, jak dalej biegnie szlak.

121

Wszystkimi zmysłami

Słodki zapach kwiatów i aromatycznych ziół, mech
i kamienie pod bosymi stopami, nasłuchiwanie z zamkniętymi
oczami odgłosów lasu: spacer wśród przyrody
to dla dzieci wspaniała przygoda.

122 Ekscytujący piknik

Pomysłowe przekąski zmotywują zmęczone dzieci!
Dlatego zaplanujcie liczne przerwy na wspaniałe przysmaki, takie jak wrapy z
sałatą, warzywami, pokrojonym w kostkę serem i jajkiem na twardo, kolorowe
dzięki naturalnym barwom.

123 Strawa dla ducha

Pięknie ilustrowane książki dla dzieci o roślinach, zwierzętach, rzekach,
jeziorach i górach zachęcają do wycieczek wśród przyrody. Odpowiednią
książkę zabierzcie ze sobą na wyprawę, dzięki czemu odkryć będzie można
jeszcze więcej.

124 Światło księżyca w Lesie Elfów

Co tak pohukuje w ciemnościach?
Nocna wycieczka jest bardzo ekscytująca dla małych odkrywców. Z latarkami po ciemnej leśnej ścieżce przejść można do miejsca, w którym na grillu lub ognisku czekają kiełbaski.

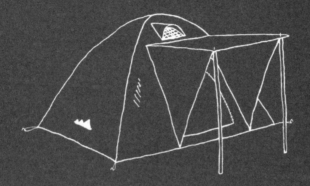

W TYMCZASOWYM DOMU

Bycie w drodze jest wspaniałe.

Jednak docieranie do celu też! Szczególnie po długim dniu na nogach lub na rowerowym siodełku. Rozstawcie namiot, rozpalcie ognisko, rozsiądźcie się wygodnie i spoglądając w płomienie, zróbcie w głowie rachunek swojej podróży, ze wszystkimi wrażeniami i przygodami minionego dnia. Lifehacki na następnych stronach ułatwią Wam życie, gdy zatrzymacie się w podróży: w namiocie, w schronisku, w hostelu...

129 Chrońcie plecy

Znaleźliście miejsce na namiot?
Zanim zacznijecie wbijać śledzie, połóżcie się tam najpierw na próbę. W ten sposób sprawdzicie, czy jest naprawdę równo.

Wskazówka: Wszędzie, gdzie spojrzycie, ziemia jest lekko pochyła? Kilka kropel uszczelniacza do szwów (małą tubkę powinniście zawsze mieć w wyposażeniu namiotu) pod karimatą i na podłodze namiotu sprawi, że nic nie będzie się już ślizgać

130 Minigrzejnik

Rozgrzejcie swoją chatkę:
Postawcie cztery podgrzewacze na dużym kamieniu lub cegle i z trzech stron otoczcie je kolejnymi kamieniami/cegłami. Na kamieniach/cegłach ustawcie odwróconą do góry dnem doniczkę, tak aby znalazła się nad świeczkami

W żadnym wypadku nie używajcie do ogrzewania pomieszczeń grilla opalanego węglem. Produkuje on tlenek węgla i może dojść do śmiertelnego zatrucia czadem.

131 Mały liściasty domek

Tak wybudujecie sobie schronienie w lesie:
Gruby konar (półtora raza dłuższy niż wysokość osoby, która spać ma
w szałasie) wkręćcie w ziemię, a jego drugi koniec oprzyjcie na rozwidlonej
gałęzi, również wbitej w ziemię. Następnie po lewej i prawej stronie grubego
konara ułóżcie obok siebie gałęzie. Te, które znajdą się najbliżej wyjścia,
związcie ze sobą w najwyższym punkcie i mocną linką przywiążcie do
rozwidlonej gałęzi. Podłogę wyłóżcie grubą warstwą suchych liści, które są
miękkie i dobrze izolują. Dach obłóżcie krzyżującymi się na przemian gałęziami z liśćmi. Aby chronić wnętrze szałasu przed deszczem i zimnem,
pokryjcie na koniec dach warstwą liści, grubą na 20–30 centymetrów.

132 Dom na sznurku

Szybkie schronienie przed niepogodą można stworzyć, zarzucając płachtę
namiotu na linkę przewiązaną między dwoma drzewami. Aby ją przymocować
do linki, przeciągnijcie trochę linki przez oczko w płachcie i przełóżcie przez nią
patyk. Na brzegach płachty połóżcie odpowiednio ciężkie kamienie (przynajmniej 5 kilogramów).

133 By dobrze się trzymało!

Weźcie ze sobą kilka wkrętów do drewna, zakończonych haczykami. Jeśli
nocować będziecie w drewnianej chacie, możecie powiesić na nich ręcznik lub
moskitierę. Na dwóch haczykach zawiesić możecie także sznurek na pranie.

134 Ogniomistrz

Nieodłączną częścią kempingu jest ognisko:
Ze względu na nastrój, dlatego, że tak pięknie wygląda i daje ciepło. Jednak rozpalenie ogniska wcale nie jest takie łatwe. Dzięki tym (egzotycznym) rozpałkom na pewno się uda.

Owoce na ciepło:
Suszone skórki cytryny ładnie pachną i dobrze się palą.

Ogniste chrupki:
Właściwie są do tego zbyt smaczne, ale tłuste chipsy taco szybko się zapalają i dlatego mogą stać się bardzo dobrą rozpałką.

Nie tylko do demakijażu:
Pięknie palą się również waciki kosmetyczne nasączone stearyną.

Pomocny promień słońca:
Trzymajcie okulary pod słońce i skierujcie jego promień na wiązkę suchej trawy lub kawałki kory brzozowej. Krople wody na szkłach Wam pomogą. Bądźcie cierpliwi!

Turborozpałka:
Kora brzozowa pozwoli Wam szybko rozpalić porządne ognisko, dzięki zawartym w tym drzewie olejkom eterycznym.

Najlepszego ogniska:
Resztki świeczek z urodzinowego tortu można dobrze wykorzystać. Wystarczy je podpalić i użyć ich do rozpalenia ogniska.

Ogień z waty:
Zwarte i wodoszczelnie zapakowane – poszarpane tampony szybko zapalają się od zapałek, a nawet od iskier z krzesiwa.

Pierwsza pomoc od drzew:
Jeśli drewno na opał jest nieco wilgotne, w rozpaleniu go pomogą bryłki żywicy.

135 Indiańskie palenisko

Tradycyjne ognisko pierwotnych mieszkańców Ameryki potrzebuje mniej drewna, prawie nie dymi i szybko daje dużo ciepła. Wykopcie najpierw dół o głębokości i szerokości 30 centymetrów. Na dole powinien się trochę rozszerzać. W odległości 25 centymetrów wykopcie tunel doprowadzający powietrze, o średnicy 15 centymetrów – powinien pod kątem docierać do dna dołu na palenisko. Dół wypełnić należy drewnem, podpalić i przykryć kratką rusztu. Po użyciu wystarczy zasypać go ziemią.

30 cm

Tunel doprowadzający powietrze

136
Podstawowa wiedza o węzłach

Jak się wiązało ósemkę? A jak to praktyczne lasso, które samo się zaciska? Co zrobić, żeby wydłużyć linę przy użyciu drugiej? Węzły są bardzo przydatne. Dzięki tym praktycznym wskazówkom poradzicie sobie w wielu sytuacjach.

Ósemka

Węzeł ten ma całą masę zastosowań. Zapobiega wysuwaniu się liny przez otwory, ale jest równie dobry na linie podczas wspinaczki, jako uchwyt dla rąk i stóp.

Węzeł prosty

Dwie linki są zbyt krótkie i nie nadają się do użycia. Dzięki temu węzłowi stabilnie i mocno połączycie dwie liny tej samej grubości.

Węzeł ratowniczy

Ten węzeł powinniście koniecznie znać, jeśli potrzebna jest Wam pętla, która nie będzie się zaciskała mimo dużego obciążenia. Sposób jego wiązania opisać można tak: ze stawu wychodzi krokodyl, pełznie wokół drzewa i zanurza się z powrotem.

Węzeł ratowniczy da się bez problemu rozwiązać, nieważne, jak mocno się go zawiąże. Można nim wszystko przymocować, np. linki od namiotu do śledzi.

Wyblinka

Doskonała, aby zamocować linę do słupka lub gałęzi. Ważne: lina musi być mocna obciążona, aby węzeł się nie rozwiązał. Wyblinka jest dobra do wiązania płachty biwakowej lub zamocowania na drzewie ciężkiego worka.

Węzeł szotowy

Nadaje się do wiązania
ze sobą dwóch lin o różnej grubości.

Węzeł końcowy (clinch knot)

Jest to jeden z najpopularniejszych węzłów, najczęściej
stosowany w wędkarstwie. Przełóżcie krótszy koniec przez pętelkę
i owińcie go przynajmniej sześć razy wokół dłuższego końca
linki. Następnie przełóżcie krótszy koniec ponownie przez pętelkę
i w miejscu, w którym po raz pierwszy owinęliście go wokół
dłuższego końca, przełóżcie go przez szeroką pętlę. Zaciśnijcie
węzeł.

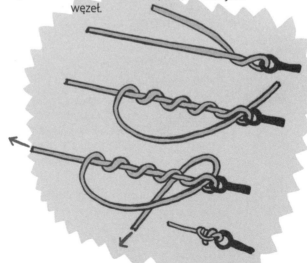

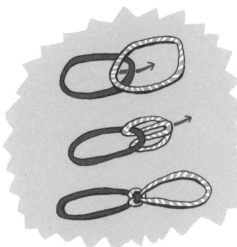

Główka skowronka

Węzeł składa się z dwóch pętli. Trzyma mocno i się nie rozluźnia, gdy z obu stron jest obciążony, np. gdy zawiesimy na nich coś ciężkiego.

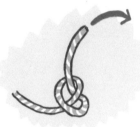

Lasso

Pętlę tego węzła, w odróżnieniu od węzła ratowniczego, można łatwo ściągać i luzować. Najpierw zróbcie na końcu pętlę. Teraz, jak na drugim rysunku, zróbcie drugą, większą pętlę i krótszy koniec znów przełóżcie przez węzeł. Przytrzymajcie większą pętlę oraz oba końce liny i zaciągnijcie węzeł. Dłuższy koniec przełóżcie przez pętlę. W ten sposób otrzymujecie węzeł, który możecie zaciskać i luzować.

Aby pętla się nie rozwiązała, zabezpieczcie krótszy koniec liny prostym węzłem die du auf- und zuziehen kannst.

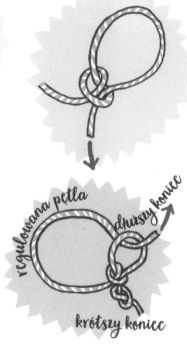

regulowana pętla

dłuższy koniec

krótszy koniec

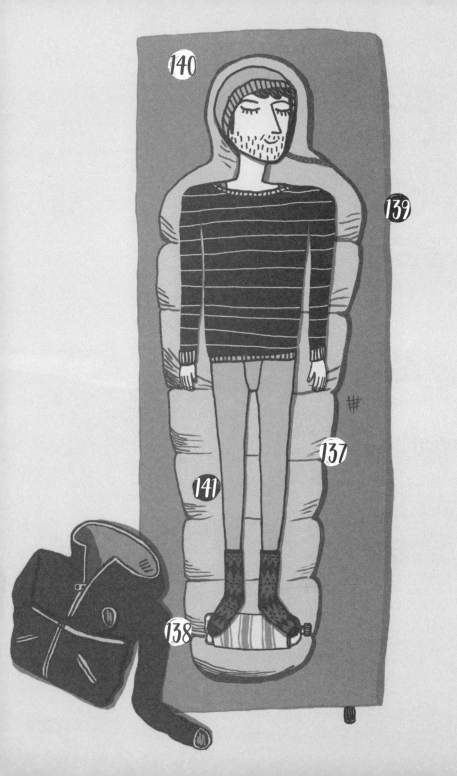

137 Dobrze wypełniony

Kupiliście sobie zbyt duże śpiwory?
W zimne noce po prostu je wypchajcie! Włóżcie do nich ubrania, abyście musieli swoim ciałem ogrzać mniej powietrza i aby nie pozostawić żadnego miejsca, którym wkradnie się do środka zimno.

Wskazówka: Śpiwór jest wtedy dobry, gdy wokół ciała jest mało miejsca, ale wystarczająco dużo, aby stopom było wygodnie.

138 Ciepły kokon

Nie jest Wam ciepło w śpiworach? Rozłóżcie na dolnej partii śpiwora puchową lub polarową kurtkę. Doskonały sen zapewni butelka z gorącą wodą owinięta w podkoszulek i ułożona przy stopach.

139 Z dala od ziemi

W sprzedaży dostępne są specjalne izolowane maty na zimę, ale ich cena jest dość wysoka. Nie tak dobre, ale wystarczające na zimne noce jest włożenie pod zwykłą izolowaną matę rozłożonych na płasko ubrań lub worków, w których trzymacie rzeczy w plecaku – ochronią przed ciągnącym od ziemi zimnem.

140 Szlafmyca

Jesteście ciepło opatuleni, nie czujecie głodu ani nie chce Wam się siusiu (dwie rzeczy, które nocą pozbawiają energii), ale pozostaje jeszcze głowa, która wystaje ze śpiwora. Załóżcie czapkę lub kominiarkę na głowę, naciągnijcie kaptur śpiwora aż nad nos, a ciepło nie będzie już Wam więcej uciekało.

141 Dress code

Wpełznijcie do śpiworów w długiej bieliźnie lub termoaktywnej bieliźnie dla narciarzy. Nie zmarzniecie, jeśli zostaniecie także w polarze lub (lekkiej) puchowej kurtce. Słynna metoda „na cebulę", z kilkoma warstwami odzieży, działa również, gdy chodzi o sen.

A niech to piorun trzaśnie!

Co robić podczas burzy? Jeśli w pobliżu jest samochód albo kamper, od razu wskakujcie do „klatki Faradaya"! Schowajcie antenę, zamknijcie okna i drzwi, nie dotykajcie metalowych przedmiotów, nie bierzcie prysznica, nie myjcie naczyń, odłączcie od kampera kabel doprowadzający prąd z kempingu.

Co, jeśli nie ma w pobliżu „klatki Faradaya" ani budynku, w którym można się schronić?

Jak zachować się w namiocie: Kucnijcie pośrodku namiotu na suchej macie, nie dotykajcie ścian, sufitu ani ramy namiotu. Przedmioty z metalu wynieście poza namiot. Ogólnie z zasady nie powinno się rozbijać namiotu na wzniesieniach, na skraju lasu, pod samotnie stojącymi drzewami i na brzegach zbiorników wodnych.

Jeśli burza zaskoczy Was na otwartej przestrzeni, unikajcie samotnych wzniesień. Rowerzyści powinni zejść z rowerów, aby sami nie stanowić podwyższonego celu dla piorunów. Kucnijcie w odległości od pozostałych osób, trzymając stopy obok siebie, i tylko nimi dotykajcie ziemi – im mniej kontaktu z gruntem, tym lepiej, dlatego nie wolno się kłaść!

Uwaga: Dopiero gdy od ostatniego grzmotu minie 30 minut, uznać można, że niebezpieczeństwo w pełni minęło

143 Wiatrochron

Szybką latarenkę, której nie zdmuchnie wiatr, zrobić możecie, wstawiając
świeczkę do obciętego dna butelki PET.
Pamiętajcie, aby mieć ją na oku, bo nawet
jeśli butelka się nie stopi ani nie spali, to nadal może się przewrócić.

144 Jaśnie oświecony

Aby łatwiej znaleźć swoje rzeczy, także w ciemną noc
podczas nowiu, możecie nakleić na nie odblaskowe naklejki,
które rozświetlą ciemność.

145
Uwaga, ktoś tu przyszedł grzebać!

Podczas kempingu w krainie niedźwiedzi:
Nie przechowujcie w namiocie produktów spożywczych, ale także perfumo-
wanych przyborów toaletowych czy kremów z filtrem. Wszystko, co wydziela
silny zapach, powieście w oddaleniu od namiotu, na drzewie (zobaczcie
sposoby wiązania węzłów na s. 89).

POWODÓW, dla których zapakować wytrzymały
WOREK NA ŚMIECI

146 Poncho

Pada deszcz i nie chcecie zmoknąć? Wytnijcie dziurę na głowę w dnie worka i ewentualnie otwory na ręce po bokach.

147 Ochrona przed zimnem

Gdy chcecie się rozgrzać, wystarczy kucnąć w worku i zaciągnąć jego boki aż nad ramiona.

148 Daszek

Zaczekajcie pod osłoną na lepszą pogodę. Rozetnijcie worek z jednej strony, zróbcie dziurki na czterech rogach i przywiążcie przez nie folię do drzew.

Wskazówka: Rogi wzmocnić można taśmą klejącą.

149 Poducha

Miękki i wygodny worek wypełniony suchymi liśćmi doskonale sprawdzi się w nocy.

150 Mata izolująca

Połóżcie się w śpiworze na lub w worku, a zimno ciągnące od ziemi nie będzie miało żadnych szans.

151 Ochrona przed słońcem

Okno chatki nie ma zasłon? Czarny worek na śmieci przykleić trzeba do framugi taśmą i można spać..

152 Umywalka

Ułatwienie mycia zębów i twarzy: Aby stworzyć improwizowaną umywalkę, podeprzyjcie worek czterema wbitymi w ziemię gałęziami i napełnijcie go wodą.

153 Schronienie

Jeśli macie linę, to rozepnijcie ją pomiędzy dwoma drzewami, zawieście na niej rozcięty worek i przymocujcie jego cztery rogi małymi gałązkami do ziemi. Dzięki temu powstanie dach, po którym spływać będzie woda

154 Spiżarnia

Nie dajcie szans dzikim zwierzętom: zapakujcie najważniejsze rzeczy i jedzenie do worka na śmieci, zawiążcie go liną i zawieście na drzewie.

155 Sucho w plecaku

Pada i pada.
Zapakujcie swoje rzeczy w worek i wsadźcie wszystko do plecaka. Możecie także założyć worek na plecak z zewnątrz, ale wtedy woda przeniknąć może do środka przez paski na ramiona.

156 Prysznicowe kąski

Śliskie i rozmoczone mydło, które nie chce wyschnąć, bywa irytujące. Obieraczką do warzyw z dużej kostki mydła przygotować możecie praktyczne, jednorazowe porcje.

157 Wodoodporne

Aby nie zawilgotniały zapałki, wystarczy zakręcany słoik. Zapałki wrzućcie luzem do słoika i wyklejcie wnętrze nakrętki drobnym papierem ściernym.

158 Osłona antyokruszkowa

Torebkę chipsów zamkniecie obciętą górną częścią plastikowej butelki. Otwartą część torebki przeciągnijcie przez szyjkę butelki, wywińcie wokół niej i zakręćcie nakrętkę.

159 Pachnące buty

Po długim dniu wędrówki buty trekkingowe będą nieco nieświeże. Wysuszcie zużyte torebki z herbatą (najlepsza miętowa!) i na noc zostawcie w butach.

160 Sosnowy zestaw naprawczy

Żywicę, dostarczaną za darmo przez drzewa liściaste, można praktycznie wykorzystać jako klej, gdy się ją ostrożnie podgrzeje w naczyniu lub na kamieniu.

161 Wytarci do sucha

Papier toaletowy zapakowany w duże pudełko na płyty CD nie zawilgotnieje.

Alternatywnie: Aby zaoszczędzić miejsce, wyciągnijcie z rolki tekturową rurkę, spłaszczcie papier i włóżcie go do wodoodpornej torebki.

162 Przyciskać, zamiast przypinać

Jeśli nie zamierzacie brać ze sobą klipsów do prania, ale nie chcecie, by Wasze ubrania odleciały, kupcie w sklepie ze sprzętem outdoorowym gumową linkę. Mokre ubrania możecie wtedy przypiąć do plecaka krzyżującymi się linkami.

163 Suszarnia

Odporna na rozrywanie nić na cięciwy ze sklepu łuczniczego to idealna linka do suszenia prania. Dodatkowo, jeśli w ubraniu zrobi się dziura, można będzie ją zaszyć.

164 Luksusowy prysznic

Worki na wodę to nie tylko dobry sposób, aby ją transportować. Dzięki specjalnemu zaworowi i rurce można je szybko przemienić w outdoorowy prysznic. Dostępne są w każdym dobrym sklepie outdoorowym.

165 Stop swędzeniu

Miejsce ukąszenia posmarujcie dezodorantem w sztyfcie, a przestanie Wam tak bardzo dokuczać swędzenie.

Można powiedzieć,

że  NAPRAWDĘ

było

się tylko

TAM

gdzie **DOTARŁO**

się na własnych

NOGACH

JOHANN WOLFGANG VON GOETHE

166 Jak wytrzymać złą pogodę

Moc do dalszej wędrówki

Podczas złej, a w szczególności chłodnej pogody organizm potrzebuje dużo energii. Dlatego należy mieć przy sobie zawsze dostatecznie dużo jedzenia. Sporą dawkę energii dostarczają orzechy, a także termos gorącej herbaty (np. imbirowej).

Usiąść i nie moknąć

Chcecie przeczekać, aż przejdzie deszcz? Turystyczna poduszka do siedzenia, mata z izolacją lub worek na śmieci wypełniony suchymi liśćmi powstrzymają wilgoć i zimno ciągnące od ziemi. Pod płachtą biwakową, rozpiętą pomiędzy drzewami (patrzcie s. 96 i 98), poczekacie na lepszą pogodę.

Ostrzeżenie przed burzą

Gdy wiatr staje się coraz mocniejszy, trzymajcie się z daleka od drzew – spadające gałęzie mogą poważnie zranić. Jeśli jesteście w lesie, poszukajcie jaskini lub zagłębienia, w którym nie zbiera się woda.

Długo trwająca niepogoda

Pomyślcie o tym, aby do plecaka wrzucić kilka kostek, mały bloczek papieru, długopis i karty do gry, na wypadek gdyby rozpętała się burza lub przez dłuższy czas utrzymywał się deszcz. Zajmują niewiele miejsca, a można dzięki nim grać w wiele gier, od kości przez „państwa, miasta" po makao. Możecie także wymyślić nowe...

Dobrze osłonięci

Zabierzcie ze sobą parasol trekkingowy – można go przymocować do plecaka i mieć wolne ręce.

Trekkingowa cebula

Noście kilka warstw odzieży, z których zewnętrzna musi być oczywiście wodoodporna. Zdejmując lub zakładając warstwy, możecie regulować temperaturę. Jeśli spocicie się podczas marszu lub jazdy na rowerze, zatrzymajcie się i włóżcie na mokre ubrania kurtkę przeciwdeszczową – inaczej szybko wychłodzicie organizm!

Muzyka na ognisku

Nie macie pod ręką gitary?
Zbudujcie w takim razie głośniki do smartfonu. Wzdłuż
tekturowej rurki z rolki papieru wytnijcie odpowiedni otwór na
telefon i na jej końcach załóżcie plastikowe kubeczki, z otworami
na rurkę wyciętymi w bokach przy dnie. Włóżcie telefon w otwór
wycięty w rurce, a wzmocniony dźwięk dochodzić będzie z
kubeczków

168 Oświeceni

Przyjemne światło w namiocie, bez oślepiania:
Przyczepcie czołówkę do wykonanej z jasnego plastiku butelki z wodą, tak aby
świeciła do środka.

*Wskazówka: Po ścianach namiotu tańczyć będą nastrojowe plamki światła,
jeśli pomiędzy butelkę a czołówkę włożycie kuchenną tarkę.*

169 Postępujcie zgodnie z zasadą trójki

Niezależnie od tego, jakiego rodzaju wędrówkę podejmujecie i jak ciepła jest
pogoda, zawsze w plecaku powinna znajdować się kurtka.
Zasada trójki wyjaśnia dlaczego:
W wyjątkowych okolicznościach wytrzymać można trzy minuty bez powietrza,
trzy dni bez wody i trzy tygodnie bez jedzenia, ale tylko trzy godziny bez
odpowiednio chroniącego okrycia! Oznacza to, że po trzech godzinach deszczu
i zimna będziecie tak wychłodzeni, że możecie umrzeć! Jeśli więc zaskoczy
Was załamanie pogody lub nieoczekiwanie zanocować musicie na dużej
wysokości, ciepła kurtka w plecaku może uratować Wam życie

FiNN

1. Przy niedoborze wody wystarczy umyć się pobieżnie. Regularnie myć należy pachy, okolice pępka, odbytu, genitalia i miejsca za uszami, ponieważ brud w tych miejscach prowadzić może do stanów zapalnych.

2. W czystym strumieniu prać możecie ubrania (bez proszku ani mydła!). Dobrze je zamocujcie, zanurzcie całe pod wodą i pozwólcie unosić się w strumieniu przez całą noc.

3. Olejki eteryczne z igieł jodły i świerku działają dezynfekująco – dlatego rozłóżcie je na kocu, na którym jecie posiłki, lub na tym, co służy Wam za obrus.

4. Jeśli obozujecie w kilka osób w jednym miejscu przez dłuższy czas, każdy powinien wybrać sobie swoje „drzewo nr 2". Wykopcie za „swoim" drzewem dołek saperką, załatwcie do niego to, co macie do zrobienia, i zasypcie go.

Wśród „dzikich" zwierząt

Duży, zły wilk to tylko bajki. W rzeczywistości są to raczej
nieśmiałe zwierzęta, a o wiele groźniejsze są maleńkie kleszcze.
Oto, jak powinniście się przed nimi chronić, a także jak należy
się zachować, gdy spotkacie niedźwiedzie czy dziki.

171 Komar

Pogryzły Was komary?
Na miejscu ukąszenia połóżcie monetę, która rozgrzana jest do tego stopnia, że ledwo dajecie radę ją trzymać. Swędzenie zacznie ustępować – w temperaturze 45 stopni część białka wchodzącego w skład jadu komarów ulega rozbiciu. Aby komary Was już nie dręczyły, noście jasne ubrania i śpijcie pod moskitierą.

172 Wilk

Wilki są bardzo płochliwe. Jeśli zachowacie się spokojnie, wycofają się. Młode zwierzęta czasem ciekawsko zbliżają się do ludzi – wtedy należy zacząć głośno rozmawiać lub klaskać w dłonie, aby je odstraszyć.

173 Kleszcze

Na obszarach, na których spotkać można kleszcze, noście jasne ubrania. Dzięki temu zobaczycie, czy nie wskoczył na Was żaden z tych małych krwiopijców – tak łatwiej go usuniecie, zanim wgryzie się w skórę.

174 Dzik

Jest bardzo prawdopodobne, że spotkacie dzika. Jeśli tak się stanie, powoli się wycofajcie. Jeśli w pobliżu znajduje się drzewo, możecie się na nie wspiąć. Niebezpiecznie będzie, dopiero gdy natraficie na lochę z młodymi – będzie ich broniła choćby kosztem własnego życia.

175 Krowa

Jeśli szlak biegnie przez pastwisko, szerokim łukiem obchodźcie krowy i byki. Zachowujcie się spokojnie, nie machajcie kijkami i nigdy nie odwracajcie się tyłem do zwierząt. Wypatrujcie, czy nie zachowują się agresywnie. Jeżeli byk będzie chciał wziąć Was na rogi, spróbujcie uderzyć go we wrażliwy nos.

176 Pies pasterski

Jeśli spotkacie w górach stado owiec, niedaleko znajdować się będzie również pies. Będzie on bronił stada, dlatego musicie się najpierw wycofać, a następnie obejść szerokim łukiem owce i psa.

177 Niedźwiedź

Skręcacie za róg, a tam niedźwiedź brunatny. Co robić?
Zachowajcie spokój, mówcie głośno i ruszajcie rękami. W ten sposób niedźwiedź będzie wiedział, że nie jesteście myśliwymi, ale też że nie jesteście zwierzyną łowną. Gdy niedźwiedź staje na tylnych łapach, nie oznacza to, że zamierza atakować – chce się tylko lepiej przyjrzeć. Powoli się wycofajcie.

178 Skorpion

Skorpiony żądlą tylko wtedy, gdy czują się zagrożone. Jeśli obozujecie w dziczy, uważajcie, gdzie siadacie. Przed założeniem zawsze strzepujcie ubrania i wytrzepujcie buty.

179 Wąż

Aby podczas wędrówki w ogóle nie spotkać węży, musicie stawiać wystarczająco mocne kroki, ponieważ wibracje odstraszają te gady. Zresztą zachowują się one agresywnie jedynie w sytuacji, w której nie widzą innego wyjścia. Dlatego gdy się na nie natkniecie, powoli się wycofajcie.

SYCI i ZADOWOLENI

Podróżując po dzikich ostępach, jedzenie nieść musicie na plecach lub wieźć w sakwie na rowerze. Rozdział ten zdradzi Wam, jak wprowadzić różnorodność w outdoorowej kuchni, jakie przysmaki znaleźć można na skraju szlaku i co najskuteczniej pokona głód wieczorem.

180 Kieszonkowa kuchenka własnej roboty

Z dużej puszki po coca-coli zrobić możecie ultralekką, improwizowaną kuchenkę turystyczną:

1. Usuńcie najpierw górę puszki, odcinając ją wzdłuż krawędzi scyzorykiem.

2. Następnie przetnijcie puszkę na dwie części. Dolną część skróćcie o fragment szerokości dwóch palców (najlepiej zrobić to nożyczkami)..

3. Teraz skróćcie górną część puszki, w czym również przydatne okażą się nożyczki. Upewnijcie się, że górna część będzie wyższa od dolnej o około 1–1,5 centymetra.

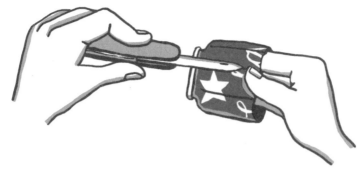

4. Trzymajcie górną połowę tak, aby od środka mieć włożone do niej dwa palce. Następnie scyzorykiem (ostrą krawędzią na zewnątrz) zróbcie w jej bokach wgniecenia pomiędzy palcami znajdującymi się w środku. W ten sposób powgniataną połowę będziecie mogli włożyć do drugiej.

5. Wepchnijcie jedną połówkę w drugą i dociśnijcie, by mocno się razem trzymały. Górna połowa musi wystawać ponad dolną. Dzięki wgnieceniom spirytus może łatwo parować i płomienie lepiej docierać będą do dna garnka.

6. Teraz przebijcie małą dziurkę przy górnej krawędzi puszki (ogień musi mieć dobry dopływ powietrza!). Napełnijcie małą ilością spirytusu i podpalcie. W ciągu zaledwie kilku minut ugotujecie herbatę!

PIZZA na KIJU

Buon appetito!

Nad ogniem nie zawsze musicie mieć wbite na kijku kiełbaski lub kromki chleba. Można również przygotować coś pysznego, inspirowanego włoską kuchnią, oblepiając patyk ciastem wymieszanym z przyprawami do pizzy, sosem. pomidorowym i serem.

———

182 Byle nie za gorące!

Stało się tak:

DMięso jest z zewnątrz czarne, a w środku surowe – żar był zatem zbyt duży. Biały nalot na bryłkach węgla wskazuje, że temperatura jest okej. Kolejny test: potrzymajcie rękę nad żarem przez pięć sekund. Da radę? W takim razie temperatura jest odpowiednia.

Wskazówka: Macie jeszcze trochę ziół w plecaku? Wrzućcie je do ognia – wspaniały zapach spowoduje, że posiłek będzie jeszcze przyjemniejszy.

183 Grillowanie bez aluminiowej folii

Liście z kolby kukurydzy zajmują mało miejsca i doskonale nadają się do tego, by zawinąć w nie warzywa na grilla. Pokrójcie bakłażana, cukinię i spółkę, połóżcie na liściu, zawiążcie wszystko sznurkiem (jeśli go nie macie, to nicią dentystyczną) i posmarujcie dużą ilością oleju.

Fetę i pomidory zawinąć można w liście kapusty, botwiny lub winorośli.

Ziemniaki, rybę lub kolorowe warzywa zawinąć możecie w papier do pieczenia posmarowany olejem. Uwaga: nie grillujcie w zbyt wysokiej temperaturze!

184 Pieczone bulwy

Ziemniaki, ugotowane, ale nadal twarde, możecie położyć bezpośrednio na ruszt. Przecięte na pół kładźcie płaską stroną do dołu.

Wskazówka: Oblepiony ruszt grilla wyczyścicie szybko, gdy nadal jest gorący. Zrobić to możecie połówką cebuli nabitą na widelec. Dodatkowo jej sok ma właściwości dezynfekujące

185
Banan we fraku

Banany na grilla trafiają w skórkach. Gdy na zewnątrz zrobią
się czarne, w środku czeka na Was wspaniały deser.

186 Owoce mocy

Z owoców dzikiej róży wychodzi doskonały dżem. Również w czasie
wędrówki ze znalezionych przy szlaku czerwonych owoców wycisnąć można
pomarańczowo-czerwony miąższ, bogaty w witaminę C,
do smarowania na pieczywie. Robi się to jednak dopiero
po pierwszych przymrozkach.

187 Wzmacniacz smaku

Jeśli jesteście w drodze tylko kilka dni (i nie jest zbyt gorąco), możecie
przygotować w domu dipy, sosy lub coś do smarowania chleba – takiego jak
pesto lub pasta curry – i zabrać ze sobą w plastikowych woreczkach.
Podkręci to każde obozowe danie.

Wskazówka: To zbyt kosztowne rozwiązanie?
Zapakujcie do plecaka woreczek suszonego chilli – doda każdej zupce w
proszku ognistego charakteru i wzbogaci typowe dania jedzone na szlaku.

188 Gdy macie
dość chińskich zupek

Miłą odmianą od azjatyckiego makaronu i zupek w proszku jest purée
ziemniaczane w proszku. Doprawcie je przyprawami, takimi jak chilli,
pieczona cebula lub zioła, które znajdziecie w czasie wędrówki, a będziecie
mogli cieszyć się nowymi wrażeniami smakowymi.

189 Jak zaoszczędzić

Sycące dania bogate w węglowodany, takie jak makaron czy ryż, potrzebują stosunkowo dużo czasu na ugotowanie, przez co zużywacie dużo gazu w kuchence kempingowej. Aby go zaoszczędzić, doprowadźcie wodę lub zupę do wrzenia, wyłączcie kuchenkę i zawińcie garnek w śpiwór. W ten sposób Wasz obiad na pewno się dogotuje.

Wskazówka: Jeśli chiński makaron lub gotowe dania z ryżem namoczycie już rano i nieść będziecie w szczelnych pojemniku, to wieczorem szybciej będą gotowe.

190 Pora sucha

Suszone pomidory i grzyby są bardzo lekkie i przemienią wszystko w pyszny posiłek, np. kuskus. Dobre są jednak na dzień odpoczynku od wędrowania i obozowania, bo przed jedzeniem trzeba je namoczyć w oleju.

191 Kawa w stylu kowbojskim

Bez kofeiny nie wstajecie rano i nie ruszacie na szlak, a zapomnieliście filtrów do kawy? Zróbcie tak jak Buffalo Bill: zagotujcie wodę na ognisku w ogniotrwałym naczyniu, zdejmijcie je z ognia i wsypcie do niego kawę, mniej więcej jedną łyżeczkę na kubek. Postawcie z powrotem do ogniska i poczekajcie, aż zacznie wrzeć.
Następnie rozlejcie do kubków i odstawcie na około pięć minut.
W tym czasie fusy opadną na dno kubków, a wy dostaniecie swojego kofeinowego kopa.

192 Menu dnia

Dzień zacznijcie najlepiej od musli, pełnoziarnistego chleba, suszonych owoców i (jeśli go macie) jogurtu. Wieczorem najlepszym wyborem są dania z makaronem, np. chińskie zupki. W ten sposób, dzięki węglowodanom, szybko uzupełnicie spalone kalorie.

193 Wolność dla fasoli!

Macie coś pysznego w puszce,
ale zapomnieliście otwieracza!

Nie ma problemu, jeśli tylko macie łyżkę: chwyćcie mocno za miseczkę łyżki,
tak aby u dołu wystawała jej krawędź. Pocierajcie teraz nią energicznie
w jednym miejscu przy krawędzi, z góry puszki. Po kilku ruchach metal zrobi
się tak miękki, że będziecie mogli przebić go łyżką. Teraz przesuwajcie
łyżkę z jednego końca szczeliny do drugiego – nie trzeba będzie długo czekać,
aż z obozowej kuchni zaczną rozchodzić się wspaniałe zapachy.

194 Garnek z trzema nogami

Kojarzycie stare westerny z telewizji?

Zawsze nad ogniem bulgotał w nich garnek, w którym przygotowywano fasolę lub gulasz. Wszystko, czego potrzebujecie, by odtworzyć taką scenę, to – poza hakiem do podwieszenia garnka i fasolą lub gulaszem – trójnóg do postawienia nad ogniskiem.

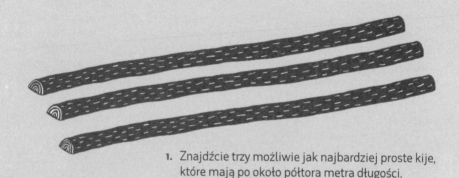

1. Znajdźcie trzy możliwie jak najbardziej proste kije, które mają po około półtora metra długości.

2. Połóżcie na ziemi wszystkie trzy kije obok siebie i zwiążcie je razem, przywiązując linę do pierwszego z brzegu i przeplatając ją między nimi, raz górą, raz dołem, jakbyście robili ósemki.

3. Przeplećcie tak linę w trzech rzędach, a następnie przewiążcie pomiędzy kijami po trzy razy, mocno ją zaciskając po każdym okręceniu. Koniec liny zawiążcie mocno na końcu jednego z kijów.

4. Rozstawcie teraz nogi i ustawcie je nad ogniskiem. Do powieszenia garnka nad ogniem idealny będzie żelazny łańcuch z hakiem.

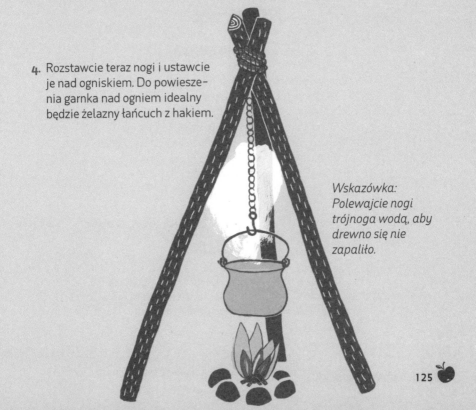

Wskazówka: Polewajcie nogi trójnoga wodą, aby drewno się nie zapaliło.

195 Słomki smaku

Kuchnia na kempingu także może być wyrafinowana.
Aby nie targać ze sobą całego regału z przyprawami, wypełnić
można nimi słomki do picia. Jeśli stopicie szczelnie oba
jej końce zapałką, będziecie przygotowani
na wszystkie kulinarne przygody.

*Alternatywnie przyprawy zabrać możecie
w małych metalowych pudełkach po miętówkach.*

196 Uczta bez kieliszków

**Pomyśleliście o wszystkim, tylko kieliszki
na jajka zostawiliście w domu!**
Teraz chcecie podać na śniadanie ugotowane na miękko jajka i...
nie ma problemu, bo macie po nich karton.
Wytnijcie po prostu tyle zagłębień, ile jest ugotowanych
jajek, i pasujące kieliszki są już pod ręką

197 Słoneczna herbata

W upalne dni woda z manierki może być niedobra.
Wykorzystajcie siłę słońca: z torebką herbaty (ziołowej lub owocowej)
będzie znacznie smaczniejsza

Magiczna COCA-COLA

Chwila nieuwagi i jedzenie na turystycznej kuchence jest przypalone. Jak teraz doczyścicie garnek?

Poświęćcie kilka łyków coca-coli: zalejcie nią dno garnka – już po godzinie kwas fosforowy rozmiękczy nieprzyjemną skorupę na tyle, że uda się ją spłukać. W tym czasie możecie spokojnie zjeść...

199 Filetowanie świeżej ryby

Gdy najbliższy supermarket jest oddalony o kilka dni marszu, a żołądek potrzebuje odmiany od monotonii gotowych dań z plecaka, świeża ryba jest doskonałą alternatywą. W ten sposób podkręcicie Wasze menu:

1. Najtrudniejsza część: zdejmijcie rybę z haczyka, przytrzymajcie ją dobrze i ogłuszcie uderzeniem w głowę. Zabijcie ją pchnięciem przez skrzela, po czym chwyćcie za ogon i zeskrobcie łuski.

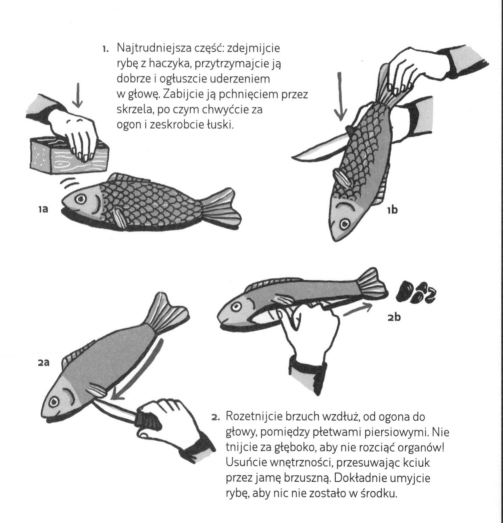

2. Rozetnijcie brzuch wzdłuż, od ogona do głowy, pomiędzy płetwami piersiowymi. Nie tnijcie za głęboko, aby nie rozciąć organów! Usuńcie wnętrzności, przesuwając kciuk przez jamę brzuszną. Dokładnie umyjcie rybę, aby nic nie zostało w środku.

3. Połóżcie rybę na boku i przetnijcie za skrzelami, aż do kręgosłupa, a następnie wzdłuż kręgosłupa, od głowy aż do ogona.

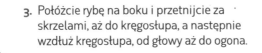

4. Małymi cięciami od skrzeli odcinajcie mięso w kierunku ogona, wzdłuż kręgosłupa. Podnieście ości nożem i usuńcie je, także krótkimi cięciami noża.

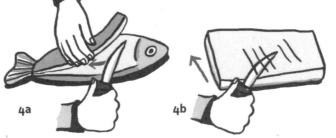

4a   4b

5. Na razie wszystko idzie dobrze, ale teraz potrzebujecie czegoś, żeby trzymać rybę nad ogniem. Przetnijcie koniec grubego kijka, aż powstanie coś w rodzaju szczypiec – dzięki temu będziecie mogli trzymać filet. Aby się nie rozpadł, wetknijcie w niego u góry i u dołu cienkie patyki, aby mięso było rozłożone na płasko.

6. Koniec kijka związcie sznurkiem, aby „szczypce" nie otworzyły się w czasie pieczenia..

Wskazówka: Jeśli podczas pieczenia potrzymacie rybę w dymie, nabierze pysznego aromatu ogniska

Gdy dotrzesz
do celu

TWYCH

MARZEŃ,

NA PEWNO

zatęsknisz

za JEDNYM:

WĘDRÓWKĄ,
która Cię
TAM
zaprowadziła

MARiE VON EBNER-ESCHENBACH

200 Łowić ryby jak Mac Gyver

Potrzebujecie agrafki, kawałka sznurka i przynęty
(klasycznie: dżdżownicy). Zegnijcie agrafkę zgodnie z rysunkiem
powyżej i przymocujcie ją do sznurka. Eksperci używają tu węzła
końcowego (zobacz s. 90). Zaczepiacie przynętę i z pomostu lub łódki
możecie spuścić sznurek do wody, trzymając go między palcami.
Gdy poczujecie, że obiad dobiera się do przynęty, poczekajcie chwilę,
aż nabierzecie przekonania, że ryba już ją połknęła. Teraz pociągnijcie mocno,
po czym powoli wyciągnijcie zdobycz z wody. Jeśli ryba się broni,
popuśćcie sznurek, pociągnijcie znowu, popuśćcie – i tak dalej,
aż ryba się zmęczy. Nie próbujcie z całych sił wyciągnąć ją
z wody od razu, wtedy bowiem z pewnością zerwie się linka!

*Wskazówka: Na koniec nie wyciągajcie ryby z wody za sznurek, tylko rękami.
W przeciwnym razie całe polowanie pójdzie na marne, a w brzuchu będzie
Wam dalej burczało...*

stokrotka

nasturcja

rzeżucha łąkowa

szczypiorek

201 Jedzenie z łąki

Jadalne kwiaty wyglądają ładnie, poprawiają smak sałatek, twarogu i chleba z masłem, a do tego są zdrowe. W przypadku wszystkich dzikich ziół obowiązuje zasada, aby nie jeść ich zbyt dużo, wówczas mogą bowiem podrażnić żołądek i błony śluzowe

Wzmacniacz dobrego nastroju:
Wesołe stokrotki stymulują metabolizm, działają przeciwzapalnie, są dobre dla skóry i narządów wewnętrznych.

Słoneczne pobudzenie:
Jasnopomarańczowe kwiaty nasturcji działają jak naturalny antybiotyk, mają właściwości wiruso-, bakterio- i grzybobójcze.

Welon wróżki:
Delikatna rzeżucha łąkowa jest antybiotykiem wspomagającym trawienie i działającym wykrztuśnie na oskrzela.

Fioletowa czupryna:
Fioletowe kwiaty szczypiorku, słodkie i lekko cebulowe w smaku, są dobre na trawienie i pobudzają apetyt.

202 Kichanie stóp

Doskonała na zapalenie pęcherza i przeziębienia jest herbata z ziaren dzikiej róży. Nasiona trzeba dobrze umyć i przesiać, aby pozbyć się włosków (uwaga: wywołują swędzenie!). Na litr wody trzeba użyć garści ziaren, gotować 20 minut i przelać przez sitko.

203 Lepiej sprawdzić dwa razy

Jeśli chcecie wzbogacić swoje menu o przysmaki, które znaleźć można na skraju szlaku, zabierzcie ze sobą dobry atlas roślin i grzybów. Jeśli nie jesteście pewni jakiejś rośliny, lepiej zostawcie ją w spokoju. Jeśli natomiast znajdziecie grzyby i postanowicie je zjeść, zostawcie jednego, aby w razie zatrucia lekarz szybko ustalił, co zjedliście.

Wskazówka: W miejscach, w których jest duży ruch samochodowy, jagody i inne owoce na skraju drogi zawierać mogą metale ciężkie. Nie zrywajcie ich!

204 Fałszywi przyjaciele

Czosnek niedźwiedzi jest pyszny, szczególnie jako pesto do spaghetti. Od połowy marca do maja kwitnie on w lasach, jednak często rośnie przemieszany z trującymi konwaliami, które wyglądają bardzo podobnie. Zamiast robić test zapachu, sprawdźcie łodygę: kwiaty konwalii rosną parami wzdłuż łodygi, a czosnku niedźwiedziego – od 3 do 30 na czubku cienkiej łodygi.

205 Trik z jagodami

Borówki czarne i pokrzyk:
Kształt i kolor tych jagód są niemal identyczne, jednak owoce trującego pokrzyku są większe i lśnią w kolorze czarno-niebieskim, nie są ciemnoniebieskie jak borówki.

206 Podstęp z kształtem liści

Okropne!. Postrzępione liście rukoli i trującej rośliny starzec jakubek są niemal identyczne, niemożliwe do rozróżnienia. Jednak trująca roślina odrobinę przypomina oset (także pod względem kwiatów). Jej młode liście są pajęczynowato owłosione. Liście rukoli są dla odmiany gładkie, a jej drobne kwiaty mają po cztery płatki

207 Blef z igłami

Z młodych gałązek i igieł świerku zaparzyć możecie doskonałą herbatę. Jednak biada Wam, jeśli pomylicie go z bardzo trującym cisem. Świerki mają grudkowatą korę, z której wypływa żywica, i ostre igły. Z cisów żywica nigdy nie wypływa, a ich igły są bardzo miękkie. Żeńskie cisy rozpoznacie łatwo po czerwonych owocach.

208 Kwiatowy blef

Wszystkie trzy mają piękne baldachimy, z drobnymi, białymi kwiatkami. Jednak tylko krwawnik i trybula leśna są smacznymi roślinami – można·z nich zaparzać herbatę lub używać ich jako ziół. Szczwół plamisty jest natomiast bardzo trujący. Rozpoznacie go po ostrym zapachu mysiego moczu i czerwonych plamkach na łodydze.

trybula leśna

krwawnik

szczwół plamisty

10 POWODÓW, dla których zawsze trzeba spakować
KLIPSY DO PRANIA

209 Szczypce na grilla

Stek skwierczy na ogniu, ale jak go teraz obrócić?
Dzięki klipsom do prania! Okej, potrzebne są także dwie łyżki... Przyklejcie taśmą po łyżce do każdego z dłuższych końców klipsa.

210 Miska

Wystarczy spiąć klipsami brzegi dużego liścia tak, aby nic się z niego nie wylało. Nie wytrzyma wieczności, ale jeden posiłek owszem.

211 Głowa do góry

Umyliście zęby i nie wiecie, co zrobić ze szczoteczką w ogólnodostępnej łazience na kempingu? Klips przypięty do rączki szczoteczki do zębów spowoduje, że będzie stała pionowo i włosie nie będzie miało styczności z niczym nieprzyjemnym.

212 By nic się nie wysypało

Nic nie rozsypie się w plecaku, jeśli woreczek z müsli zrolujecie u góry i zepniecie klipsem (działa także w przypadku chipsów, cukierków, orzechów, ryżu...).

213 Koniec poplątanych kabli

Zrobiły się Wam supły na kablach od słuchawek? Teraz to już przeszłość. Obie słuchawki włóżcie w otwór w przedniej części klipsa, a kabel zawińcie dookoła. Końcówkę kabla chwyćcie klipsem.

214 Zabezpieczenie łyżki

Kuchenki turystyczne nie mają miejsca, by cokolwiek na nie odłożyć. Przypnijcie (drewniany) klips do uchwytu łyżki, a nie wpadnie Wam ona do garnka z zupą

215 Mobilna suszarnia

Mokre ubrania możecie na czas dalszej wędrówki przypiąć klipsami do plecaka.

216 Oświecenie

**W ten sposób zawsze będziecie mieli
światło przy czytaniu:**
przyklejcie małą latarkę taśmą do
klipsa i przyczepcie go do brzegu
książki.

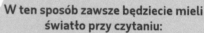

217 Gwiazdy filmowe

Statyw na komórkę sprawi, że będziecie mieli wolne
ręce podczas filmowania. Przyczepcie klipsy na lewo
i prawo od ekranu. Dla stabilności przyczepcie do
nich po klipsie z drugiej strony, tak aby po obu
stronach telefon stał na trzech końcówkach klipsów
– i gotowe.

218 Pogromca nudy

Jeśli podróżujecie większą grupą, klipsy do prania pomogą Wam zabić nudę. Po
prostu niech każdy przypnie sobie klips z tyłu na ubraniu i spróbujcie je sobie
wzajemnie pozabierać.

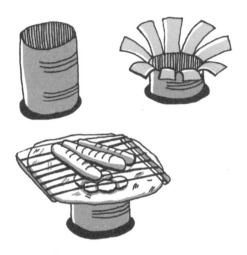

219 Kiełbaski z puszki

Blaszana puszka stać się może doskonałym grillem.
Multitoolem lub nożyczkami odetnijcie najpierw wieczko puszki,
a następnie potnijcie jej bok na równe, szerokie na około 4 centymetry paski.
Zostawcie nieprzecięte około 5 centymetrów od spodu.
Teraz odegnijcie te paski na zewnątrz. Rozłóżcie na tym
folię aluminiową i wypełnijcie ją węglem drzewnym.
Na górę połóżcie mały ruszt, na którym upiec możecie
mięso lub kiełbaski.

220 Wszechstronny ruszt

**Bardzo praktyczny, wielokrotnego użytku i doskonały
do wielu produktów:**
ruszt do grilla z chromowanego metalu z długą drewnianą rączką. Można na
nim wygodnie przygotować ryby, warzywa, pizzę, kiełbaski i steki, a do tego
używać go jako przenośny grill, stosując nad dowolnym paleniskiem.

221 Schemat budowy dobrego ogniska

Wybudujcie krąg z kamieni w zakątku osłoniętym od wiatru, niezbyt blisko drzew i krzewów oraz na podłożu, które również nie zajmie się ogniem (skały, piasek, żwir)..

Zbierzcie następnie małe i duże gałęzie. Zielone gałązki stworzą bazę dla ognia. Na początek ułóżcie z nich krąg. Na to trafia podpałka (patrzcie s. 84/85). Z małych, suchych gałązek zbudujcie piramidę nad podpałką. Z jednej strony zostawcie otwór (od strony, z której wieje wiatr), przez który zbliżycie zapałkę do podpałki. Gdy podpałka i małe gałązki już się zajmą, możecie zacząć dokładać większe gałęzie, a wkrótce zrobi się nastrojowo.

222 Znaki dymne

Jeśli wrzucicie do ognia trochę szałwii, dym nie tylko zyska piękny, ziołowy zapach – przegoni również komary i inne latające stwory. W przeciwieństwie do Was owady odbierają zapach szałwii jako bardzo nieprzyjemny

LAST BUT NOT LEAST
Zgaście światło!

Myślicie, że łatwiej zgasić ogień, niż go rozpalić?
EEpic fail: Coś, co się rozpaliło, będzie się palić dalej, aż nic już nie zostanie. Pozwólcie ognisku spalić się maksymalnie, a następnie kijem rozprowadźcie żar tak, aby nie rozpaliło się na nowo. Jeśli nie macie już siły czekać, polejcie całość dużą ilością wody. Po pierwszym chluśnięciu rozgrzebcie kijem ognisko, aby znaleźć tlące się jeszcze węgle. Następnie polewajcie dalej wodą, aż ziemia zauważalnie wystygnie.

Ziemia i piasek nie są dobrymi metodami gaszenia ognia: żar może się tlić pod przykryciem przez cały dzień, aż po odsłonięciu znów wystrzeli ogniem!

Klasyczna metoda też nie jest wcale dobra: jeśli chcecie ugasić ogień, siusiając, musielibyście wcześniej naprawdę bardzo dużo wypić.

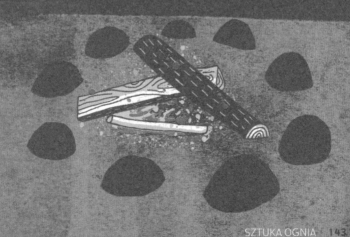

Jeszcze więcej lifehacków:

Jak sprytnie i łatwo się spakować, jak wygodnie podróżować samochodem, pociągiem i samolotem, jak spędzić urlop zdrowo i się na nim zrelaksować – 300 pomocnych i zaskakujących nowych porad na wszystkie możliwe okazje od doświadczonych globtroterów.

Super lekka książka z super praktyczną gumką!

Przygotowani na wszystko – lifehacki w podróży

Stopka redakcyjna

Tekst: Jens Bey, Stuttgart

Ilustracje: Marie Geißler, Berlin; www.mariegeissler.de

Grafika: Nicola Hammel-Siebert,
Weimar; www.zebraluchs.de

Koncepcja: Monique Rahner

Zarządzanie projektem: Ramona Lamparth, Monique Rahner

Wszystkie informacje zawarte w tej książce zostały dokładnie zbadane przez pracowników wydawcy i sprawdzone pod kątem aktualności i spójności.

Wydawca nie ponosi jednak odpowiedzialności za jakiekolwiek błędy i szkody powstałe w wyniku korzystania z tej publikacji.

Czekamy na Wasze opinie i sugestie dotyczące ulepszenia tej publikacji:

DuMont Reiseverlag, skrytka pocztowa 3151, 73751 Ostfildern,

info@dumontreise.de.

Wydanie polskie

1. wydanie polskie 2018, opracowane na podstawie 1. niemieckiego wydania 2017

Euro Pilot Sp. z o.o., ul. Konarskiego 3, 01-355 Warszawa

tel. +48 22 664 37 20, www.europilot.com.pl, handlowy@europilot.com.pl

ISBN 978-83-8009-851-0

Tłumaczenie: Aleksander Lewandowski

Redakcja: Jolanta Sieradzka-Kasprzak

Korekta językowa: Maria Osińska (KorektArt)

Skład: Ewa Chmielewska

Wydrukowano w Polsce.

125 Muzyka lasu

Drzewny ksylofon zrobić można z dwóch długich, martwych gałęzi ułożonych na ziemi i leżących na nich w poprzek krótszych gałązek, o różnej grubości. Za pomocą dwóch patyków wydobyć można z nich dźwięki. Słoik z nakrętką może stać się grzechotką, jeśli wrzuci się do niego kawałki drewna, twarde jagody, piasek lub kamyki.

126 Dodajcie element baśniowy

Chodzenie w kółko jest nudne. Dzieci uwielbiają, gdy na końcu podróży czeka na nie coś ciekawego. Może to być zamek niczym z bajki, jaskinia, w której kryli się zbójcy, rezerwat dzikich zwierząt, a nawet gospodarstwo z dużą ilością żywego inwentarza.

127
Zabawa na świeżym powietrzu

W wiele miejsc turystów przyciągają pięknie urządzone ścieżki przyrodnicze. Na ciekawych trasach znajdziecie miejsca do obserwacji dzikich zwierząt, tory przeszkód i inne atrakcje.

128 Przygoda w domu

Leje jak z cebra.
Zostańcie więc w domu i wyruszcie na odkrywanie jego tajemnic! Dzieci narysują potrzebną do tego mapę. Ich pokój zamieni się w zaczarowany las, a salon w skalistą plażę. We własnoręcznie wybudowanych szałasach, z koców i ręczników, zjeść możecie szaszłyki „z ogniska" (z klopsikami, serem i warzywami).